AI 혁명과 기독교의 만남

THE AI REVOLUTION MEETS CHRISTIANITY

AI 혁명과 기독교의 만남

Chat GPT와 목회의 미래

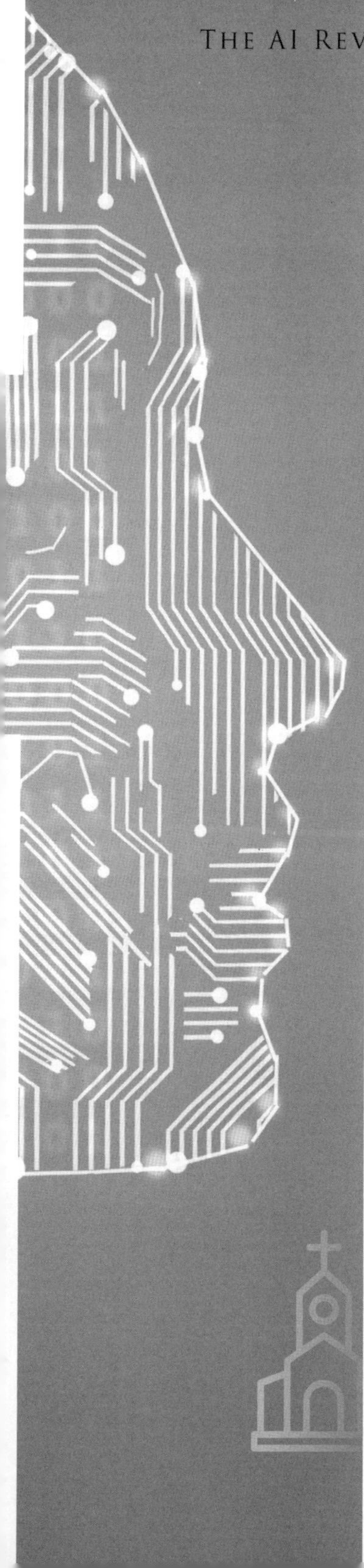

김명희 지음

한양대학교 출판부

"범사에 감사하라 이것이 예수 안에서
너희를 향하신 하나님의 뜻이니라"

| 데살로니가 전서 5:18 |

이 책은 하나님의 크신 은혜로 시작되었고, 그 은혜 안에서 완성되었습니다. 세상 지식을 연구하고 가르치는 대학교수로 수십 년을 살아온 저를 성령님의 인도로 교수 재직 시에 목회학 석사(M.Div)와 신학 석·박사(Ph.D) 과정을 마칠 수 있도록 은혜를 허락하신 하나님께 감사드립니다. 또한, 로뎀교회와 은혜나눔교회의 개척을 통해 부족한 종을 사용하셔서 목회의 길을 걷게 하신 것도 그분의 놀라운 계획임을 고백합니다. 그 여정 속에서 언제나 함께하셨던 하나님의 동행을 느끼며 깊이 감사드립니다.

특히, 급변하는 AI 시대 속에서 생성형 인공지능과 기독교 세계관을 조화롭게 조명하는 연구와 집필을 허락하신 것도 하나님의 섭리입니다. 제가 집필한 이 책이 독자 여러분께 단순한 정보 전달을 넘어 신앙적 통찰과 영적 위로를 제공하길 간절히 소망합니다.

마지막으로, 이 책이 세상에 나올 수 있도록 기도와 사랑으로 함께해 주신 가족들에게 깊은 사랑과 감사를 드립니다. 여러분들의 격려와 지지가 없었다면 이 여정은 완주할 수 없었을 것입니다.

이 책을 읽는 모든 분들께 하나님의 크신 은혜와 사랑이 넘치시길 기도하며, 영광을 오직 하나님께 올려드립니다.

2025년 2월

김명희

머리말

본 저서는 AI 시대에 목회환경 변화와 목회자에 관한 연구로 목회자, 사역자, 신학생, 평신도 및 기독교인과 일반인을 위한 책으로 집필하였다. AI 시대의 도래와 급격한 기술 발전, 특히 생성형 AI인 Chat GPT의 등장이 한국교회와 목회환경에 미치는 영향을 분석하고, 이에 따른 목회자의 역할 변화와 기독교인들의 신앙생활에 대해 다루고 있다. AI 기술의 발전은 예배와 설교 형태에 변화를 가져오며, 이에 따른 목회자들의 인식과 역할 변화가 불가피하다는 문제의식에서 출발하였다. 본 저서의 주요 내용은 다음과 같다.

첫째, 4차 산업혁명의 핵심 기술인 AI를 중심으로 정보통신기술(ICT) 간 융합을 통해 나타나는 초연결, 초지능,

초스피드 시대의 혁명적 변화와 향후 환경 변화 및 추세를 통합적으로 분석하였다.

둘째, AI 시대에 성도들의 교회관과 예배의 변화, 설교의 확대, AI 기술을 활용한 신앙교육과 상담의 한계와 쟁점을 신학적 관점에서 고찰하였다.

셋째, Chat GPT를 활용한 설교 사례를 분석하고, 그 가능성과 한계, 장단점을 논의하였다.

넷째, AI 시대의 전통적 설교 방식과 AI 활용 설교를 비교분석하며, 메타버스를 활용한 예배 변화와 설교의 신학적 의미를 실천신학적 관점에서 다루었다.

다섯째, AI 시대의 설교자 윤리와 Chat GPT 활용의 신학적, 실천적 자세를 제시하였다.

여섯째, Chat GPT를 활용한 목회 상담과 신앙교육 사례를 통해 AI 시대 가상현실의 목회적 전망을 제시하고 신학적 고찰을 수행하였다.

이 저서는 간헐적으로 이루어져 온 AI와 교회의 대응, AI와 예배 그리고 설교 등의 일부 연구에도 불구하고, AI 시대의 목회환경 변화와 목회자의 역할에 관한 선행연구가 많지 않다는 점에서 의미가 있다. 특히 Chat GPT와 관련하여 예배, 설교, 신앙교육과 상담에 이르기까지 통합적 시각을 제공하는 계기를 마련한 책이라는 점에서 의미가 있다. 또한 AI 환경 변화에 따른 목회환경 간의 동반자적 역할과 배치되는 역할에 대한 논의를 주요 연구 목적으로 설정한 점도 주목할 부분이다.

휴머노이드 시대가 도래하며 AI의 진화는 실체 있는 AI 시대로 접어들고 있다. 이에 따라 본 저서는 AI를 활용한 설교 및 목회환경에 대한 통합적 시각을 제공하며, 특히 Chat GPT를 중심으로 한 AI 기술의 목회 적용 가능성과 한계를 고찰한 점에서 의의를 지닌다. 이는 AI 시대에 목회자가 성경적, 신학적 관점에서 올바른 자세를 정립하고 목회의 본질을 유지하며, AI 기술과 동반자적 역할을 모색하는 방향을 제시하는 내용을 담고 있기 때문이다. 성도들 또한 AI 시대와 변화하는 목회환경에 대한 새로운 인식으로 신앙생활을 이해하는 데 도움을 얻을 수 있을 것이다.

이 저서는 AI 시대에 기독교가 마주하고 있는 도전을 다루고 있다. 제1장에서는 AI 시대에 기독교가 직면한 도전과 문제제기, 연구 목적, 방법과 범위를 논하였다. 제2장에서는 4차 산업혁명과 AI 시대의 이해를, 제3장에서는 AI 시대와 목회환경 변화를, 제4장에서는 AI 시대와 목회자의 역할 변화를 다루었다. 제5장에서는 AI와 설교의 변화를 논의하였으며, 제6장과 제7장에서는 AI 활용의 실천적 대안을 제시하고 결론 및 향후 방향에 대해 논의하였다.

이 책을 집필하는 동안 도움을 주신 모든 분들께 감사를 드린다. 무엇보다 하나님의 크신 은혜에 감사드리며, 출판을 맡아주신 한양대학교 출판부에도 감사를 드린다.

주제어 : AI, 생성형 인공지능, Chat GPT, 4차 산업혁명, 목회환경, 목회자의 역할, AI 설교.

차례

제3장 AI 시대와 목회환경 변화

제4장 AI 시대와 목회자의 역할 변화

제5장 AI와 설교의 변화

그림 목차

표 목차

제1장

AI 혁명과 목회환경

제1절

AI 시대, 기독교가 마주한 도전

이 책은 4차 산업혁명, 특히 인공지능(AI) 시대가 열어가는 새로운 환경 속에서 교회와 목회자의 역할 변화를 탐구하는 데 목적을 둔다. 기술이 급격히 발전하면서 우리의 삶은 빠르게 변하고 있으며, 이 변화는 교회와 신앙 생활에도 깊은 영향을 미치고 있다. 특히 AI, 빅데이터(Big Data), 클라우드 컴퓨팅(Cloud Computing)으로 대표되는 "ABC 기술"은 우리의 일상뿐만 아니라 교회의 예배, 설교, 목회 활동 전반에 걸쳐 혁신적인 전환을 요구하고 있다.

4차 산업혁명은 이전 산업혁명들과는 질적으로 다른 변화를 가져왔다. 물리적 환경(Physical Reality)과 가상 환경(Virtual Reality), 증강현실(Augmented Reality)이 융합되며, 우리의 사고방식과 삶의 구조를 근본적으로 바꾸고 있다. 과거에는 에너지 혁명과 대량 생산을 중심으로 한 변화가 산업을 주도했다면, 이제는 소프트웨어적 혁명과 지능적 혁명이 주도권을 잡고 있다. 이러한 변화는 교회가 전통적인 방식으로 운영되는 데에 도전을 제기하며, 시대에 맞는 새로운 방법론을 요구하고 있다.

교회는 더 이상 오프라인 중심의 공간과 형식에 의존할 수 없다. 특히 증강현실과 가상현실이 교회 활동의 물리적 경계를 넘어서는 가능성을 열고 있다. 전통적인 설교와 예배 방식은 점차 변모하고 있으며, AI 기술은 이 과정을 가속화하고 있다. 교회는 이제 이 변화에 적응하며 교회의 본질과 정체성을 지키는 동시에 새로운 접근 방식을 탐구해야 하는 도전적인 시기를 맞고 있다.

더 나아가, 4차 산업혁명은 단순히 기술적인 발전이 아니라 인간의 사고, 지혜, 융합, 문화에 이르는 전방위적인 혁명을 의미한다. 이러한 변화는 기독교 교육, 목회자의 역할, 신앙인의 가치관과 생활 방식에도 중요한 영향을 미친다. AI는 설교 준비를 돕고, 신앙교육 자료를 제공하며, 상담과 목회의 새로운 도구로 사용될 수 있지만, 동시에 목회자의 역할에 대한 근본적인 질문도 던지고 있다.

우리는 이미 AI 기술이 예술, 의료, 법률, 회계 등 다양한 분야에서 인간의 역할을 대체하거나 보완하고 있는 현실을 목격하고 있다. 이러한 기술의 발전이 목회환경과 사역에 미칠 잠재적 영향력은 상상 이상으로 클 수 있다. 하지만 이 과정에서 "AI와 인간의 관계"라는 윤리적이고 신학적인 질문이 제기될 수밖에 없다. AI가 단순히 도구로 작동하는 것을 넘어 교회의 핵심적 기능에 영향을 미치게 될 경우, 교회의 본질은 어떻게 지켜질 수 있을까?

이 책에서는 이러한 문제들을 심도 있게 다루고자 한다. AI 시대에 목회환경이 어떻게 변화하고 있는지, 교회의 역할이 무엇인지, 그리고 목회자가 AI 기술을 도구로 활용하면서도 본질적인 가치를 지키는 방법은 무엇인지에 대한 통찰을 제공하고자 한다. 독자들이 이 책을 통해 변화하는 시대 속에서 기독교 신앙과 교회가 나아갈 방향에 대한 통찰을 얻길 바란다.

1. AI 혁명과 인간의 공존

1.1. AI 혁명은 피할 수 없는 변화

AI는 이미 많은 분야에서 환경 변화를 일으키며 인간의 삶에 깊이 들어왔으며, 의료, 교육, 교통, 예술, 상담 등 다양한 분야에서 AI가 효율성을 높이고, 새로운 가능성을 열어주고 있다.

하지만, AI 발전이 인간의 역할을 대체한다는 두려움도 존재한다.

1.2. AI와 인간의 공존은 가능한가

AI는 인간을 대체하기보다 보완하는 도구로 활용될 수 있다.

- **인간의 한계를 극복**

  AI는 데이터 처리 속도와 정밀도에서 인간을 능가하지만 창의성, 감정적 공감, 도덕적 판단은 여전히 인간 고유의 영역이지만, AI의 급격한 발전이 이러한 인간만이 가지고 있는 창의성, 감정적 공감, 도덕적 판단까지도 발전할 수 있다는 것을 배제할 수는 없다.

- **새로운 역할 창출**

  AI로 인해 기존의 일자리가 변화하지만, 새로운 직업과 기술로 더 많은 일자리가 생길 수 있다. 예를 들어, AI를 설계하고 관리하거나 윤리적 문제를 다루는 역할이 증가하고 있다.

1.3. AI와 인간의 공존을 위한 조건

AI와 인간이 조화를 공존하려면 다음 조건들이 중요하다.

1) **윤리적 AI 개발**

   AI가 차별이나 부작용은 초래하지 않도록 투명성과 공정성을 확보해야 한다.

2) 교육과 적응

시대에 필요한 기술과 사고방식을 배우는 교육이 중요하다. 이는 단순히 기술적 숙련이 아니라, AI와 협력할 수 있는 능력을 포함한다.

3) 인간 중심의 접근

AI는 인간의 삶을 향상시키기 위한 도구로 설계되고 사용되어야 한다. 특히, 약자와 소외된 계층을 배려하는 방향으로 발전해야 한다.

4) 기독교적 관점

기독교에서는 인간이 하나님의 형상(Imago Dei)으로 창조되었음을 강조한다. 이는 AI가 아무리 발전해도 인간을 돕는 도구로서의 역할을 해야 하며, 인간의 자유의지와 윤리적 책임이 AI의 결정 위에 우선해야 한다.

교회는 AI를 활용해 복음 전파나 공동체 형성에 도움을 줄 수 있지만 기술 의존이 아닌, 하나님 중심의 성경 말씀 위에 신앙을 유지해야 한다.

결론적으로, AI 혁명은 인간과 경쟁하는 대상이 아니라, 복음을 더 널리 전파하는 도구로서 잘 활용하는 도구가 되어야 하고, 시대적 흐름과 변화에 협력을 통해 공존의 길로 나아가야 한다. 이를 위해 인간의 역할은 재정립하고 AI의 한계를 인식하며 책임감 있게 활용하는 자세가 필요하다.

2. Chat GPT를 활용한 설교

Chat GPT와 같은 AI를 설교 작성에 활용하는 것은 목회자들에게 새로운 기회와 도전을 동시에 제공한다. 이를 중심으로 AI의 한계와 활용 방안을 깊이 살펴보면 다음과 같다.

2.1. Chat GPT를 활용한 설교 작성의 장점

Chat GPT는 목회자들이 설교를 준비하는 데 도움을 줄 수 있는 강력한 도구이다.

- **정보 탐색 및 정리**
  성경 구절이나 신학적 자료를 빠르게 검색하고 요약할 수 있어 자료 준비 시간을 단축한다.
- **아이디어 제안**
  설교 주제에 대한 다양한 관점이나 예화를 제공해 창의적 영감을 줄 수 있다.

- **문장 다듬기**

  설교 원고의 문장을 더 쉽게 이해되거나 설득력 있게 정리하는 데 도움을 줄 수 있다.

- **청중 중심의 접근**

  특정 연령대, 관심사, 또는 상황에 맞춘 언어와 표현을 추천받을 수 있다.

2.2. Chat GPT 사용의 한계

AI가 가진 기술적 장점에도 불구하고, 설교 작성 과정에서 신중해야 할 부분이 있다.

- **영적 권위 부족**

  설교는 단순한 지식 전달이 아니라 목회자가 성령의 인도하심 속에서 하나님 말씀을 해석하고 전달하는 영적 사역이다. Chat GPT는 이 신성한 차원을 대체할 수 없다.

- **성경 해석의 깊이 부족**

  AI는 문맥 분석과 논리적 해석은 가능하지만 성경 본문이 가진 영적 의미와 역사적-문화적 배경을 완전히 이해하지 못한다.

- **윤리적 문제**

  AI가 생성한 설교를 목회자가 직접 작성한 것처럼 사용하는 것은 성실성과 진정성에 어긋날 수 있다.

- **신학적 오류 가능성**

  Chat GPT는 학습 데이터 기반으로 정보를 제공하기 때문에, 부정확하거나 잘못된 신학적 정보를 포함할 수 있다.

2.3. Chat GPT를 복음 전파에 활용하는 바람직한 방법

목회자가 Chat GPT를 도구로 잘 활용하려면 다음과 같은 지침이 유익할 것이다.

1) **보조 도구로 활용**

   Chat GPT는 설교를 대신 작성하는 것이 아니라 설교 준비 과정에서 참고 자료나 아이디어를 얻는 도구로 활용해야 한다.

   예를 들어, 특정 주제에 관한 성경 구절을 찾거나 예화를 수집하는 데 사용할 수 있다.

2) **성경적 검증과 기도 중심**

   AI가 제안한 내용은 반드시 목회자가 신학적 성경적으로 검토하고 수정해야 한다. 무엇보다 설교 준비 과정은 기도와 성령의 인도하심 아래 이루어져야 한다.

3) 청중 맞춤 설교

Chat GPT를 활용해 설교 내용을 청중의 상황에 맞추는 데 도움을 받을 수 있다. 예를 들어, 젊은 세대나 은퇴 세대 등 특정 청중을 대상으로 하는 설교에 적합한 비유나 표현을 제안받을 수 있다.

4) 윤리적 투명성 유지

Chat GPT를 사용한 사실을 숨기지 말고, 이를 보조 도구로 활용했음을 명시하는 것이 좋다. 이는 목회자로서의 정직성과 신뢰를 유지하는 데 중요하다.

5) AI 교육과 학습 병행

목회자 스스로 AI 기술의 한계와 가능성을 이해하고, 교회가 AI를 올바르게 활용할 수 있도록 지도하는 역할도 중요하다.

2.4. Chat GPT와 성령의 역할 균형

- Chat GPT는 지식과 아이디어를 제공하는 기술적 도구이다.
- 성령은 설교를 통해 하나님의 말씀을 살아 있는 진리로 전하는 영적 능력의 근원이다.

이들의 균형을 유지하려면, 목회자는 AI를 과도하게 의존하지 않고, 자신의 영적 권위와 소명을 바탕으로 설교를 작성해야 한다.

2.5. 결론

Chat GPT는 복음 전파와 설교 준비에 있어 효율성을 높이고 창의성을 자극하는 도구로 사용할 수 있지만, 성령의 인도하심과 목회자의 헌신을 대체할 수 없다. 기술은 도구일 뿐, 설교의 본질은 여전히 하나님의 말씀을 전하는 목회자의 책임과 은혜에 달려 있다.

3. AI(Chat GPT)와 목회의 미래

Chat GPT를 포함해 AI 전반이 목회에서 어떻게 활용될 수 있을지 앞으로 기술이 어떻게 발전할지 예측하는 일은 쉽지 않다. Chat GPT가 목회에 활용될 수 있는 주요 분야를 보면 Chat GPT와 목회의 미래를 예측할 수 있다. 예를 들어 AI 설교 분석, 성경 연구 지원, 교인 맞춤 상담, 가상 교회 등이 확대될 것이고 Chat GPT를 활용하여 AI 시대에 맞는 교회 운영 전략을 수립하는 일이 용이해질 것이다. 그러나 Chat GPT 활용이 확대되면

AI가 영성과 신앙에 미치는 영향은 물론 AI가 인간의 역할을 대체할 가능성과 한계 그리고 AI를 윤리적으로 사용하는 방안 등의 신학적 윤리적 쟁점이 대두될 것이다.

Chat GPT와 목회의 미래를 긍정적 관점에서 보면 'AI와 함께 성장하는 교회'의 패러다임으로 성장할 수 있을 것이고 Chat GPT의 활용이 목회를 위협하는 것이 아니라 더 깊이 있는 사역을 가능하게 하는 도구가 될 것이다. 또한 AI가 설교를 대신하는 것이 아니라 목회자가 더 탁월한 설교자가 되도록 도울 수 있으며 Chat GPT를 활용해 목회자들이 교인을 더 개별적으로 신경 쓸 수 있도록 지원하게 될 것이다.

이러한 점에서 미래 교회는 AI를 통해 더 많은 사람들에게 복음을 전할 수 있는 기회를 얻을 수 있다.

Chat GPT의 확대와 기술적 진화는 목회의 미래를 바꿀 것인데 주요 내용을 요약하면 다음과 같다.

- **설교 준비와 성경 연구 변화**

  Chat GPT를 통해 성경 구절을 분석하고 주제별 설교 초안을 제안할 수 있고 성경의 원어(히브리어, 그리스어) 분석, 역사적 배경 연구, 주석 비교 등이 자동화되어 성경 해석 보조 역할이 이루어진다.

  이와 함께 성도들의 개인 영적 수준에 맞춰 AI가 추천하는 성경공부 자료를 제공하는 개인 맞춤 성경공부를 할 수 있다.

- **디지털 선교 및 목양 변화**

  AI 챗봇이 SNS, 웹사이트에서 전도 메시지를 전달하고 신앙상담을 제공하는 온라인 전도가 확대될 것이다. 이와 함께 Chat GPT를 활용한 자동번역과 음성합성기술로 다양한 언어로 설교를 하게 될 것이고 다국어 선교가 가능해지게 된다.

- **AI 영적 코치와 챗봇 신앙상담**

  성경 읽기 습관, 기도 일정, 신앙적 목표 설정을 도와주는 AI 개인 코치 제공이 가능하고 Chat GPT가 고민을 듣고 성경적 조언을 제공하며 심각한 경우 목회자와 연결하는 신앙상담 챗봇이 활성화된다.

- **VR/AR 예배와 AI 찬양**

  메타버스 교회를 통해 가상공간에서 예배를 드리고 교인들과 소통할 수 있으며 Chat GPT의 찬양 선곡 추천, 음성합성기술로 다양한 스타일의 찬양 제작이 확대될 것이다. 이러한 VR/AR 기술이 더 발전하면 실제 교회처럼 느껴지는 가상공간에서 함께 예배드리고 교제할 수 있게 된다. 이러한 기법을 통해 몰입형 예배가 가능하게 된다.

- **AI의 목회자 스타일 학습**

  음성합성과 감성 AI 기술이 발전하면서 AI가 실제 목회자의 스타일을 학습해 설교를 보조하거나 신앙상담을 더 자연스럽게 진행하게 될 것이다.

- **AI의 성도의 신앙 여정과 교인 반응 분석**

  Chat GPT 등 AI가 교인들의 신앙 여정을 분석하여 개인 맞춤형 성경공부, 기도스케줄을 제안하는 시대가 도래할 것이고, 이러한 기술 진화를 초개인화된 신앙지도가 가능하게 된다. 또한 댓글, 채팅, 표정 인식 등을 AI가 분석해 교인 반응을 분석할 수 있게 된다.

- **AI와 인간 목회자의 협력 모델**

  Chat GPT 활용은 목회자의 부담을 줄이면서도 목회자로 하여금 더 깊은 영적 돌봄과 관계 형성에 집중할 수 있도록 하는 협력 구조가 만들어질 것이다.

- **성경 주석과 원어 분석 GPT**

  Chat GPT는 히브리어, 헬라어 원어를 분석하고 문맥 기반 해석을 제공한다. 예를 들어 '아가페'와 '필레오'의 차이를 설명한다든지 원어 분석과 성경 주석이 일반화되게 된다.

- **자동 성경 요약과 질문 생성 GPT**

  Chat GPT가 성경의 각 장(章) 별 요약 제공과 학습용 질문을 생성해낸다. 물론 토론 질문도 제공하는데 예를 들어 로마서 8장을 요약하고 '주권과 자유의지의 관계는?'과 같은 질문을 만들어낸다.

- **교인 정서 분석과 신앙 여정 추적 AI**

  AI가 교인의 음성, 톤, 얼굴 표정을 Zoom이나 가상 예배에서 분석해 감정을 파악하고 교인이 어떤 설교를 많이 듣고 성경 어디를 읽었는지 분석하여 신앙 성장 맞춤 지원을 한다. 예를 들어 교인의 우울, 외로움 신호가 감지되면 목회자에게 알림 서비스를 하며 최근 기도 생활이 줄어들면 AI가 '기도 챌린지' 추천을 하는 등의 신앙 여정 추적과 교인 정서 분석을 통해 성도 관리가 이루어지게 된다.

- **설교 스타일과 설교의 감동 분석 AI**

목회자의 음성 설교를 AI가 자동을 텍스트 변환(STT: Speak-to-Text) 하고 음성 인식과 분석을 통해 설교의 감동 요소를 파악하며 교인들의 반응을 분석해 피드백을 제공한다. Chat GPT가 설교 텍스트를 자연어 처리(NLP) 기반 설교 분석을 하여 핵심 주제, 성경 구절 인용 패턴, 감성(긍정/부정/격려 등)을 평가하며 특정 목회자의 설교 스타일(길이, 톤, 핵심 메시지 구조 등)을 학습해 맞춤 설교를 추천한다. 예를 들어 빌리 그레이엄 스타일이나 존 파이퍼 스타일 설교를 만들어준다.

- **O2O church 확산**

온라인과 가상 교회 예배의 확산이 이루어진다. 유튜브, Zoom 등을 활용한 스트리밍 예배와 함께 메타버스 공간에서 예배가 제공되는 온·오프라인 융합 예배가 확산될 것이다.

AI 기반 가상 찬양팀&AI 성경 낭독 활용이 이루어진다.

유튜브, Zoom, 페이스북 온라인 예배와 Spatial, VRChat, unity 기반 가상 예배당 그리고 Suno AI와 같은 AI 찬양팀의 기술을 활용하는 O2O 교회가 확산될 것이다.

- **AI 기반 메타버스 가상 교회**

예배자가 가상공간에서 걷고, 기도하고, 성경공부가 가능한 VR/AR 예배 공간을 구축하고 VRChat이나 Spatial 같은 메타버스 플랫폼에서 교인들이 아바타로 만나 예배 후 교제가 가능해진다. 또한 예루살렘, 갈릴리 같은 성경적 장소를 AI+VR로 재현해 신앙 체험을 제공하는 메타버스 가상 교회가 확산될 것이다.

제2절

AI와 목회 연구

AI와 목회 관련 연구를 보면 이 책에서 다루고 있듯 'AI 시대의 목회환경과 목회자의 역할'에 대한 통합적이고 체계적인 연구는 아직 부족한 실정이다. 일부 연구 논문들이 AI 시대의 목회환경 변화, AI 활용 설교, 그리고 AI 학습 플랫폼 등과 관련된 논의를 다루고 있지만, 이는 제한적이고 구체적인 사례에 집중되어 있다. 이러한 상황에서 기존 선행 연구들을 살펴보면 다음과 같은 관점들이 제시되고 있다.

1. AI 시대와 목회환경 변화

한국 기독교는 지금 심각한 도전에 직면해 있다. 그중에서도 가장 두드러진 문제는 성도 수의 급격한 감소이다. 예장 통합의 2023년 총회 보고에 따르면, 전체 교인 수는 230만 2582명으로 집계되었으며, 이는 2022년 대비 약 5만 6232명(2.3%) 감소한 수치이다. 이는 100명 출석 교회 562개가 사라지고, 50명 출석 교회 1125개가 문을 닫은 것과 동일한 결과를 초래하며, 교회가 빠르게 쇠퇴하고 있음을 보여준다.[1]

다른 주요 교단인 예장 합동의 경우, 2023년에는 교인 수가 전년 대비 약 5만 9151명(2.6%) 증가한 235만 1896명으로 보고되었지만, 이는 일시적인 증가에 불과하며 전반적인 한국 기독교의 감소 추세를 막지는 못하고 있다.[2]

이와 함께, 기독교에 대한 사회적 신뢰도 역시 심각한 수준으로 낮아지고 있다.[3] 이는 단순히 성도 수 감소를 넘어 교회의 신뢰와 영향력 자체가 약화되고 있음을 의미한다. 교회 내부 문제

---

1 정원희, "[통합 3신] 교인 수 펜데믹 이후 최대폭 감소", (2024. 09. 25 게재) https://www.kidok.com/news/articleView.html?idxno=306916 (2024. 12. 17 접근).

2 정원희, "[통합 3신] 교인 수 펜데믹 이후 최대폭 감소"를 참조하라.

3 2023년 기독교윤리실천운동이 실시한 사회적 신뢰도 조사에 따르면, 한국교회에 대한 불신율이 74%에 달하는 것으로 나타났다. 기독교윤리실천운동, "제2장 조사결과분석", 「2023년 한국교회의 사회적 신뢰도 여론조사」(2023): 13.

뿐만 아니라 목회환경 전반이 열악해지고 부정적인 영향을 받는 상황에서, 교회는 변화하는 사회적 환경 속에서도 본질적 역할을 지켜야 하는 과제를 안고 있다.

이러한 변화의 중심에는 4차 산업혁명이 자리하고 있다. 4차 산업혁명의 급속한 기술 발전은 단순히 교회의 예배 방식에만 영향을 미치는 것이 아니라, 성도들과의 상호작용, 목회자의 자기 계발, 그리고 교회의 사회적 책임 수행 방식 전반에 걸쳐 변화를 요구하고 있다. 목회자는 단순히 교회 내부 문제를 해결하는 데 그치지 않고, 중독, 가정폭력, 빈곤, 동성애 등 다양한 사회적 문제에 대한 기독교적 해결책을 제시해야 하는 새로운 역할을 맡고 있다.

또한, 목회자는 지역사회와 국가적 문제에도 관심을 기울이며, 관련 기관 및 단체와 협력하여 창의적인 목회 방안을 모색해야 한다. 교회는 이러한 도전 속에서 본질을 유지하는 동시에, 변화하는 시대에 부합하는 새로운 사역 방식과 목회적 접근법을 찾아야 한다. 4차 산업혁명 시대의 목회환경 변화는 단순히 기술적 변화가 아닌, 교회와 목회자의 사명을 다시 정의해야 하는 중대한 전환점을 의미한다.

2. 오픈 AI 관련 변화와 목회

이러한 변화의 중심에는 4차 산업혁명이 자리하고 있다. 4차 산업혁명의 급속한 기술 발전은 단순히 교회의 예배 방식에만 영향을 미치는 것이 아니라, 성도들과의 상호작용, 목회자의 자기 계발, 그리고 교회의 사회적 책임 수행 방식 전반에 걸쳐 변화를 요구하고 있다. 목회자는 단순히 교회 내부 문제를 해결하는 데 그치지 않고, 중독, 가정폭력, 빈곤, 동성애 등 다양한 사회적 문제에 대한 기독교적 해결책을 제시해야 하는 새로운 역할을 맡고 있다.

또한, 목회자는 지역사회와 국가적 문제에도 관심을 기울이며, 관련 기관 및 단체와 협력하여 창의적인 목회 방안을 모색해야 한다. 교회는 이러한 도전 속에서 본질을 유지하는 동시에, 변화하는 시대에 부합하는 새로운 사역 방식과 목회적 접근법을 찾아야 한다. 4차 산업혁명 시대의 목회환경 변화는 단순히 기술적 변화가 아닌, 교회와 목회자의 사명을 다시 정의해야 하는 중대한 전환점을 의미한다.

최근 인공지능 기술, 특히 OpenAI가 개발한 Chat GPT는 그 발전 속도와 영향력으로 많은 논란의 중심에 있다. Chat GPT는 단순히 대화형 인공지능으로서의 기능을 넘어서, 논문이나 글을 작성하는 데 있어서 인간이 작성한 것과 거의 구별할 수 없을 정도의 수준을 보여준다. 이는 인공지능이 이제 창의성까지 갖춘 기술로 진화했음을 의미하며, 이로 인해 AI의 역할과 윤리에 대한 논의가 더욱 활발해지고 있다.

예를 들어, OpenAI는 AI가 작성한 텍스트를 판별하기 위해 자체적으로 'AI Text Classifier'를 공개했다.[4] 그러나 이조차도 완벽한 구별이 어렵다는 점에서 인공지능이 생성하는 콘텐츠의 진위 여부를 판단하는 문제가 큰 이슈로 떠오르고 있다. 이러한 기술적 발전은 긍정적인 가능성을 열어주는 동시에, AI의 활용과 관련된 우려와 두려움을 함께 증폭시키고 있다.

> 이제 인공지능(AI)의 Chat 봇이 입지가 굳어지면서 다양한 Chat 봇이 등장하고 있다.[5] OpenAI의 Chat GPT와 함께 딥마인드(Deep Mind)가 공개한 시각적 언어 모델인 플라밍고(Flamingo)는 자연어를 활용하여 이미지와 동영상 인식을 결합한 새로운 가능성을 보여준다. 플라밍고는 텍스트와 이미지를 결합하여 더 복합적인 질문에 답할 수 있는 모델로, 인공지능 기술의 확장이 단순 언어를 넘어 다양한 데이터 유형을 아우르고 있음을 보여준다.

---

4 정한영, "오픈AI, '문장을 작성한 것'이 인간인지 Chat GPT인지 판정하는 'AI 텍스트 식별기' 툴 무료 공개", 인공지능신문 (2023. 02. 04 게재) https://www.aitimes.kr/ news/articleView.html?idxno=27294 (2024. 12. 17 접근).

5 정한영, "인터넷 검색시대 지면서?... AI Chat 봇 시대로 진화된다!..."구글, AI Chat 봇의 거센 도전", 인공지능신문 (2024. 12. 11 게재) https://www.aitimes.kr/news/articleView. html?idxno=33186 (2024. 12. 17 접근).

또한 Chat GPT와 기능은 같으면서도 저렴한 경비로 2025년 중국이 개발한 딥씨크(Deep Seek) 기술 또한 충격을 주고 있다.

이와 동시에, 전 세계적으로 인공지능에 대한 규제가 강화되고 있다. 예를 들어, EU의 인공지능법(The AI Act)은 데이터 보호와 같은 윤리적 문제에 초점을 맞추고 있다. 이 법은 프라이버시와 공정성을 중시하는 AI 개발 환경을 조성하려는 목표를 가지고 있으며, 인공지능 기술이 사회적으로 수용 가능하도록 발전시키는 데 중요한 기준이 되고 있다.[6]

또한, AI 스타트업의 급속한 성장도 주목할 만한 부분이다. AI 스타트업들은 기술 개발과 적용에 있어 기존의 대규모 기술 기업들과 견줄 만큼 빠르게 발전하고 있으며, 이는 인공지능 기술의 상업적 활용과 관련된 새로운 생태계를 형성하고 있다. 이러한 변화는 기술적, 윤리적, 사회적 논의가 필요하다는 점을 다시 한번 강조하며, 앞으로의 AI 기술 발전 방향에 대한 심도 있는 논의를 요구한다.

결론적으로, OpenAI와 같은 AI 기술의 발전은 우리의 삶과 신앙, 그리고 목회환경에 큰 영향을 미치고 있으며, 이에 따른 기

---

6 장하주, "[이슈진단] 무서운 속도로 성장하는 인공지능(AI) 발전 속도 우려", AI 라이프 경제 (2023. 03. 02 게재) https://www.aifnlife.co.kr/news/articleView.html? idxno=21019 (2024. 12. 17 접근).

회와 과제를 명확히 이해하고 대응하는 것이 중요하다.

3. Chat GPT 관련 변화와 목회

기독교 세계관의 관점에서 Chat GPT에 대한 학문적 연구는 아직 초기 단계에 머무르고 있다. 특히 설교학적 차원의 논문은 거의 전무한 실정이다. 따라서 Chat GPT의 역할을 객관적으로 이해하고, 윤리적 쟁점과 한계를 체계적으로 분석하는 작업이 필요하다. 성경적 기준과 윤리적 규정을 통해 Chat GPT 활용의 적절한 한계와 기준을 설정하는 것도 시급한 과제다.

2023년 한국 복음주의 실천신학회의 정기 학술대회에서는 "Chat GPT의 목회 활용법: 설교, 예배, 교육"을 주제로 일부 논문이 발표되었다. 그 중 총신대학교 박현신 교수의 발표, "Chat GPT의 목회 활용법: Chat GPT 설교에 대한 설교학적 평가를 중심으로"는 Chat GPT에 대한 통합적 연구의 부재를 지적하며, 윤리적 이슈와 성경적 기준의 적용 필요성을 강조했다. 그는 Chat GPT의 설교와 교육, 상담 영역에서의 활용에 대해 신중한 접근이 필요하다고 주장하며, 무엇보다 목회자의 소명과 정체성을 회복하는 것이 중요하다고 보았다. 박 교수는 설교자가 전령(herald), 스토리텔러(storyteller), 증인(witness), 청지기(steward), 그리고 아버지(father)의 역할을 회복해야 한다고 역설

했다.

한편, 목회데이터연구소의 보고서는 Chat GPT에 대한 목회자와 성도들의 인식 조사를 통해 AI 시대의 목회환경 변화를 이해하는 데 기여하고 있다. 보고서에 따르면, 개신교 성도 10명 중 6명이 Chat GPT를 알고 있으며, 담임 목사의 20% 이상이 교회 사역에 Chat GPT를 활용하고 있는 것으로 나타났다. 하지만 응답자의 76%는 Chat GPT가 설교에서 목회자의 역할을 대체할 가능성을 가장 큰 문제로 꼽았다.[7] 특히 현장 예배만을 고수할 경우 교회 이탈 가능성이 약 17%에 이른다고 보고되었다. 반면, 목회자 10명 중 8명은 향후 Chat GPT가 설교 준비에 활용될 가능성이 높다고 전망하고 있다.[8]

그럼에도 Chat GPT와 관련된 연구들은 여전히 실천신학적, 설교학적 평가에서 한계를 드러내고 있다. Chat GPT가 생성한 설교는 주로 주석적 아웃라인이나 귀납적 성경 연구 요약 수준에 머물고 있다. 철학적·본질적 관점에서 강해설교의 일관성을 반영하지 못한다는 비판도 있다. 또한, 현대 강해설교학에서 비판받아 온 전형적인 삼대지 설교 방식의 약점을 탈피하지 못한

---

7 목회데이터연구소, "Chat GPT에 대한 목회자의 인식과 사용 실태 조사 결과 발표"을 참조하라.

8 목회데이터연구소, "Chat GPT에 대한 목회자의 인식과 사용 실태 조사 결과 발표"을 참조하라.

다는 지적도 있다.

그럼에도 AI 기술, 특히 Chat GPT가 목회환경에 미치는 영향은 점차 확대되고 있다. 연구자들은 AI 시대의 목회자에게 필요한 자질로 열정과 기도, 진정성과 영적 성장, 거룩한 경건, 목회 리더십 회복 등을 강조하고 있다. 이러한 논의들은 목회자가 AI 기술을 도구로 활용하면서도 신앙의 본질과 정체성을 유지할 수 있는 방향을 제시하고 있다.

앞으로 Chat GPT와 같은 생성형 AI를 목회환경에서 어떻게 활용할 것인지에 대한 체계적이고 실질적인 연구가 지속적으로 이루어져야 한다. 이러한 연구는 교회와 목회자들이 기술적 변화 속에서도 성경적 기준을 중심으로 신앙의 본질을 유지하며, 성도들과의 영적 교류를 강화하는 데 기여할 것이다.

제2장

4차 산업혁명과 AI 시대의 이해

4차 산업혁명은 기존의 산업혁명과 본질적으로 다른 혁명으로, 가상 환경과 인공지능(AI)을 중심으로 한 새로운 패러다임의 변화를 특징으로 한다. 이전의 에너지 혁명이나 생산 효율성 향상에 초점을 맞췄던 산업혁명과는 달리, 4차 산업혁명은 인간의 삶, 산업 구조, 목회환경 등 광범위한 영역에 걸쳐 근본적인 변화를 가져오고 있다.

제1절

4차 산업혁명의 의미와 특징

4차 산업혁명은 이전의 산업혁명에서 이어져 인간 지능과 기술의 융합을 중심으로 커다란 변화를 가져온 혁명이다. 18세기 1차 산업혁명부터 시작된 기술적 변화는 오늘날 4차 산업혁명에 이르기까지 각기 다른 특징과 핵심 기술을 중심으로 발전해왔다. 앞으로도 5차, 6차 산업혁명으로 이어질 가능성이 높다는 전망이 제시되고 있다.

1차 산업혁명은 증기 엔진의 발명으로 기계가 사람의 노동력을 일부 대체하며 생산 방식을 혁신했다. 2차 산업혁명에서는 전기 에너지를 활용해 가내수공업에서 벗어나 대량 생산 체제로 전환되었다. 3차 산업혁명에서는 컴퓨터와 IT 기술의 발전으로 자동화와 디지털화가 가능해졌다.

이 모든 과정을 기반으로 등장한 4차 산업혁명은 인공지능

(AI)과 빅데이터를 중심으로 하는 융합 기술의 시대라 할 수 있다. 특히 2015년 다보스포럼(World Economic Forum)에서 클라우스 슈밥(Klaus Schwab) 회장이 이를 언급하며 주목받기 시작했고, 이후 전 세계적으로 중요한 화두가 되었다.[1] 각 산업혁명을 키워드로 구분하면, 기계화(1차), 산업화(2차), 자동화(3차), 융합화(4차)로 요약할 수 있다.

그림 1 산업혁명의 발자취[2]

1 세계적으로 저명한 경제학자이자 세계경제포럼의 창립자 및 회장인 클라우스 슈밥은 제4차 산업혁명이 인류 문명에 가져올 혁신적 변화를 강조하며, 경제, 사회, 그리고 일상생활 전반에 걸쳐 이 혁명이 새로운 도전과 기회를 창출할 것이라고 주장한다. Klaus Schwab, *The Fourth Industrial Revolution* (London, UK: Crown Currency; Illustrated edition, 2017), 24-30.

2 이현청, 「4차 산업혁명과 대학의 미래」(서울: 학지사, 2018), 16.
이현청, 「5차 산업혁명과 양뇌사회」 한국대학총장협회 기조강연 2022.5.

4차 산업혁명의 핵심 특징은 ICT 기술 간 융합을 통해 초연결(hyper-connectivity), 초지능(super-intelligence), 초스피드(hyper-speed)의 패러다임 전환을 가져왔다는 점이다. 이를 통해 빅데이터 기반의 예측 가능성 사회가 열렸고, 이전의 산업혁명에서는 경험하지 못했던 변화가 인류에게 다가오고 있다.

특히 AI 기술의 진화는 인간의 삶에 획기적인 변화를 일으키고 있다. 그 대표적인 사례가 Chat GPT와 같은 생성형 AI의 등장이다. 일부 전문가들은 2025년경 AI가 인간 지능을 초월할 가능성이 있다고 전망하고 있다. 이러한 변화는 산업 구조, 문화, 교육, 정치, 경제 등 모든 분야에 걸쳐 초연결, 초융합, 초지능, 초스피드의 특성을 더욱 가속화할 것으로 보인다.

예를 들어, 사물인터넷(IoT) 서비스는 연결, 구현, 통합이라는 단계를 거쳐 발전하고 있다. IoT의 연결은 눈에 보이지 않는 서버나 소프트웨어에서 이루어지고, 구현은 눈에 보이는 앱이나 웹, 뉴미디어 형태로 현실화된다. 이러한 기술은 인간의 삶과 산업 전반에 더욱 깊숙이 통합될 것으로 예측된다.

결론적으로, 4차 산업혁명은 단순한 기술 혁명이 아니라 인간의 삶 전반과 사회 구조를 다시 정의하는 시대적 전환점이라고 할 수 있다.

제2절

4차 산업혁명의 변화 전망

1. 4차 산업혁명의 변화와 핵심 기술과 전망

4차 산업혁명의 핵심 기술 발전은 사회 전반에 걸쳐 변화를 이끌어내고 있다. 이러한 변화의 중심에는 'ABC'로 불리는 4차 산업혁명의 핵심 기술 요소가 있다. 'ABC'는 다음과 같다.

A: 인공지능(Artificial Intelligence, AI)과 알고리즘

- AI와 알고리즘은 인간의 사고와 결정을 모방하거나 이를 넘어설 수 있는 기술로, 데이터 분석과 문제 해결의 중심 역할을 하고 있다.

B: 빅 데이터(Big Data)

- 빅 데이터는 방대한 양의 데이터를 수집, 분석, 활용하여

새로운 통찰과 예측을 가능하게 한다. 이는 다양한 분야에서 더 나은 의사결정을 지원하는 중요한 자원이다.

C: 클라우드 컴퓨팅(Cloud Computing)

- 클라우드 컴퓨팅은 데이터 저장과 처리를 위한 유연한 환경을 제공하며, 개인과 기업이 IT 자원을 효율적으로 활용할 수 있도록 지원한다.

그림 2 IT 산업을 이끌 10대 전략적 기술[3]

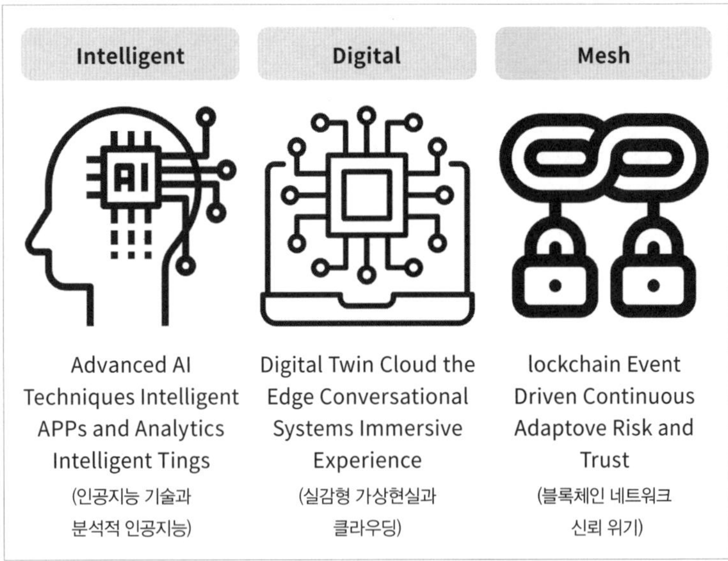

3 2017년 11월 임베디드소프트웨어·시스템산업 협회에서 발간한 IKESTA 1SSUE REPORT의 4차 산업혁명의 변화 전망 요약이다. 임베디드소프트웨어 시스템산업 협회, 「IKESTA 1SSUE REPORT-'4차 산업혁명 시대를 이끄는 핵심 기술 동향'」(2017).

2017년 10월, 세계적인 시장조사기관 가트너 그룹(Gartner Group)은 2018년부터 2030년까지 IT 산업을 이끌 10대 전략적 기술을 발표하며 4차 산업혁명의 미래를 예견했다. 이 기술들은 인공지능, 빅 데이터, 클라우드 컴퓨팅을 넘어 로봇, 사물인터넷(IoT), 3D 프린팅, 핀테크(FinTech) 등과 같은 다양한 기술이 융합되어 새로운 가능성을 열어가고 있다.

특히 이러한 기술의 발전은 초현실적(hyper-realistic)이고 초지능적(super-intelligent)인 사회를 만들어갈 것으로 기대되고 있다. 예를 들어, IoT는 디바이스와 시스템이 실시간으로 연결되며 데이터를 공유하고, 로봇 기술은 인간의 노동력을 보조하거나 대체하며 효율성을 극대화한다. 또한 3D 프린팅은 맞춤형 제품 제작을 가능하게 하고, 핀테크는 금융 시스템의 디지털 전환을 촉진하고 있다.

결론적으로, 4차 산업혁명의 핵심 기술들은 사회 전반의 변화를 가속화하며 인간의 삶과 산업 구조에 혁신을 가져올 것으로 보인다. 이러한 기술적 변화는 단순한 기술 혁명을 넘어, 인간의 생활 방식과 사회를 근본적으로 재구성하는 역할을 하고 있다. 물론 교회와 기독교에 미치는 영향 또한 간과할 수 없는 영역이 될 것이다.

2. 미래 산업구조의 변화

미래의 산업구조는 상상이 곧 현실이 되는 사회로 전환될 것으로 예상된다. 흔히 말하는 '소프트파워'는 상상을 현실로 만들어내는 기술을 의미하며, 그 중심에는 인공지능(AI)이 자리하고 있다. 4차 산업혁명에서는 창의적인 아이디어를 기술, 지식, 제품과 융합해 혁신적인 결과물로 구현하는 능력이 가장 중요한 요소로 부각되고 있다. 소프트파워는 4차 산업혁명의 핵심적 특징 중 하나로 자리잡고 있다.

소프트파워의 주요 구성 요소는 창의성과 연결성이다. 창의성은 상상력과 아이디어를 다양한 요소와 결합하는 능력을 뜻하며, 연결성은 산업과 문화를 넘나드는 독창적인 시각을 제공한다. 이러한 연결성과 창의성을 활용해 기존 역량과 새로운 역량을 조합하고 이를 효과적으로 연결하는 것이 미래 산업구조의 핵심 변화 방향이 될 것이다.

KESSIA ISSUE REPORT(2017)에 따르면 2030년까지의 주요 변화 방향은 다음과 같이 정리할 수 있다.

변화 1: 데이터와 지식이 산업의 새로운 경쟁 원천으로 부각

변화 2: 플랫폼과 생태계 경쟁이 산업의 주요 경쟁 방식으로 자리 잡음

변화 3: 승자 독식 플랫폼 경쟁이 심화되면서 동시에 새로운

성장 기회가 창출

이러한 변화 속에서 데이터와 지식은 산업 경쟁력의 중심축이 될 것이다. 산업 간 경쟁은 플랫폼과 생태계 중심으로 이동하며, 새로운 성장 동력과 도전 과제가 끊임없이 등장할 것이다. 그러나 이러한 과정에서 부익부 빈익빈 현상이 심화될 가능성도 있다.

그림 3 플랫폼 리더십의 4요소

플랫폼 리더십 4요소	의미
• 제품 기술 확보 • 명확한 사업 영역 정의 • 협력 역량 • 협력 전담 조직	• 플랫폼 역량 확보 • 플랫폼과 보완자산을 포괄한 시스템 관점의 시각 및 전략 수립 • 보완자산 개발 업체 확보 및 활성화

결론적으로, 미래의 산업구조는 상상력과 창의성을 바탕으로 혁신과 연결성을 극대화하는 방향으로 변화할 것이다. 이러한 변화는 기술적 도전과 기회를 동시에 제공하며, 개인과 조직이 창의성과 연결성을 어떻게 활용하느냐에 따라 성공 여부가 결정될 것이다.

3. 개인 삶의 변화

결론적으로, 미래의 산업구조는 상상력과 창의성을 바탕으로 혁신과 연결성을 극대화하는 방향으로 변화할 것이다. 이러한 변화는 기술적 도전과 기회를 동시에 제공하며, 개인과 조직이 창의성과 연결성을 어떻게 활용하느냐에 따라 성공 여부가 결정될 것이다.

첫째, 수직적 삶에서 융합적 삶으로의 변화

- 기존에는 교육, 직업, 휴식이 명확히 구분된 수직적 삶이 주를 이뤘지만, 앞으로는 이러한 요소들이 융합된 형태로 변화할 것이다. 예를 들어, 일하면서 동시에 배울 수 있는 환경이 조성되고, 휴식과 작업의 경계가 모호해질 것이다.

둘째, 제2의 자아의 탄생

- 사이버 공간과 현실 공간이 연결되면서 개인의 자아는 현실의 자아와 사이버 자아가 융합된 '제2의 자아(Second Self)'로 확장될 것이다. 이는 사람들이 디지털 환경에서 새로운 형태의 자아를 형성하며 살아가게 될 것임을 의미한다.

셋째, 평생직장에서 고용 가능성 개념으로의 변화

- 하나의 전공과 평생직장 개념은 점차 사라지고, 다

양한 일을 경험하며 유연한 직업 구조를 선호하는 방식으로 전환될 것이다. 미래학자들은 한 사람이 평생 동안 40~100개의 직업을 가질 것으로 예측하고 있다.

넷째, 평생 학습자의 등장

- 정규 교육의 개념이 변화하며, 사람들은 생애 동안 여러 번 교육을 받는 것이 보편화될 것이다. 나이와 관계없이 직업에 필요한 학습을 지속적으로 수행하는 평생 학습자의 등장이 예상된다.

다섯째, 반기계화 인간의 등장

- 센서를 부착하거나 로봇형 의복을 착용하는 등 인간의 역할과 기능이 기계와 융합되는 반기계화 인간(휴먼로이드)의 출현이 예견된다. 이는 건강, 교육, 환경 등에서 인간의 삶을 더욱 효율적으로 만들어 줄 가능성이 있다.

이러한 변화는 직업 생태계와 고용 구조에 직접적인 영향을 미칠 것이다.

1. 모바일 인터넷과 클라우드 기술[4] 관련 직업 증가
   - ICT, 전문 서비스, 미디어 분야의 고용 성장률이 높아질 것으로 보인다.
   - 빅데이터와 사물인터넷(IoT) 기술의 발전으로 관련 직업이 크게 늘어날 것이다.
   - 그러나 원격 의료 서비스의 활성화로 기존 의료 일자리가 감소할 가능성도 있다.
2. 서비스의 비용 감소와 편의성 증대
   - 지능 정보 기술을 통해 질병 진단과 치료의 정확도가 향상되고, 의료 비용이 절감된다.
   - 언어 인지와 자동 번역 기술의 발전으로 다국적 서비스 플랫폼이 등장하며, 언어와 문화의 장벽이 점차 사라질 것이다.
3. 안전 관리와 생활환경의 개선
   - 빅데이터를 활용한 범죄 예측 모델과 무인 시스템 도입으로 안전과 치안 관리가 효율화된다.
   - 교통 정보 실시간 공유와 지능적 제어로 교통 혼잡과 사고를 줄이며, 스마트 도시 건설로 쾌적한 환경이 조성된다.

---

4 클라우드 기술이란 인터넷을 통해 원격으로 컴퓨팅 자원 및 서비스를 제공하는 컴퓨팅 기술이다.

4. 자기 주도형 맞춤 서비스와 케어 시스템 확대

- AI 기반 맞춤형 학습이 확대되어 사교육 부담이 줄고, 학교 교육이 정상화될 가능성이 있다.
- 복지 분야에서는 원스톱 케어 시스템이 도입되어 취약계층에 대한 복지 서비스가 효과적으로 제공될 것이다.

부정적 측면도 고려해야 한다.

- 부익부 빈익빈 현상이 심화될 가능성이 크다.
- 개인정보 유출 등 기술 발전에 따른 사회적 불안 요소가 증가할 수 있다.
- AI 기술이 인간의 역할을 대체하면서 정체성과 존재감에 대한 고민이 커질 것이다.

결론적으로, 4차 산업혁명은 개인의 삶에 기회와 도전이 공존하는 변화를 가져올 것이다. 준비된 개인만이 이러한 환경에서 성공적으로 적응하며 새로운 가능성을 열어갈 수 있을 것이다.

제3절

인공지능 사회와 AI 기술

결론적으로, 4차 산업혁명은 개인의 삶에 기회와 도전이 공존하는 변화를 가져올 것이다. 준비된 개인만이 이러한 환경에서 성공적으로 적응하며 새로운 가능성을 열어갈 수 있을 것이다.

4차 산업혁명의 핵심은 방대한 데이터를 기반으로 한 인공지능(AI)과 클라우드 컴퓨팅의 융합이다. 이러한 기술적 접근은 데이터의 분석과 처리를 통해 더 나은 의사결정을 지원하고, 기술과 산업의 경계를 허물며 새로운 가능성을 연다. 특히, 4차 산업혁명의 중심적 역할을 담당하는 기술은 인공지능이다.

세계 각국은 인공지능을 활용한 첨단 산업 개발에 주력하며, 새로운 시장을 창출하고 글로벌 경쟁력을 강화하기 위해 노력하고 있다. 인공지능 기술은 단순히 산업 영역에 국한되지 않고, 의료, 교육, 교통 등 우리의 일상 전반에 걸쳐 대대적인 변화를 가져오고 있다.

이러한 변화는 기존의 패러다임을 넘어 새로운 차원의 가능성을 제시하며, 인간의 삶의 방식과 사고방식에까지 영향을 미친다. 인공지능은 단순한 도구가 아니라 혁신의 중심에서 사회 전반을 빠르게 변화시키고 있다.

향후 20년 동안 인공지능 기술은 산업 구조를 극적으로 변화시킬 것으로 예측된다. 인공지능의 혁신은 국가의 경쟁력과도 직결되며, 각국은 이를 기반으로 미래 경제를 재편하고 있다. 인공지능 기술이 가져올 변화는 날로 발전하고 있으며, 이러한 기술 진화의 속도는 가까운 미래를 예측하기 어려울 정도로 빠르게 진행되고 있다.

특히, 최근 개발된 Chat GPT와 같은 생성형 인공지능 기술은 그 대표적인 사례다. Chat GPT는 인터넷에 존재하는 방대한 데이터를 학습해, 사용자와 자연스러운 대화를 통해 정보를 제공하고, 질문에 대한 종합적인 답변을 제시할 수 있다. 이를 통해 설교 준비나 성경과 관련된 질문에도 유익한 결과를 제공하며, 목회와 신앙생활에서 큰 가능성을 보여준다.

Chat GPT(Generative Pre-trained Transformer)는 사전 학습된 약 3000억 개의 토큰과 5조 개의 문서를 기반으로 작동하는 생성형 인공지능이다.[5] "무언가를 만드는 인공지능"이라는 이름처럼,

---

5 박태웅, 『AI 강의 2025』(서울: 한빛 비즈, 2024), 86-111.

학습한 데이터를 활용해 설교 준비, 성경 공부 등 다양한 작업을 자동으로 수행할 수 있다.

예를 들어, 사용자가 특정 성경 구절에 대한 질문을 하거나 설교 주제를 입력하면, Chat GPT는 이를 분석해 구조화된 설교 초안을 생성할 수 있다. 이 기술은 구글 등에서 제공하는 웹사이트(Chat.openai.com)를 통해 쉽게 접근할 수 있으며, 목회와 관련된 작업뿐 아니라 다양한 일상적인 요구에도 활용될 수 있다.

결론적으로, 인공지능 기술의 발전은 단순히 기술적 혁신에 그치지 않고, 인간의 삶과 사고방식을 변화시키는 중요한 역할을 한다. Chat GPT와 같은 기술은 신앙과 목회의 영역에서도 유용하게 활용될 수 있는 도구로 자리 잡으며, 앞으로 더 많은 가능성을 열어갈 것이다. 4차 산업혁명 시대의 중심에서 인공지능은 우리의 삶을 보다 편리하고 혁신적으로 변화시킬 것이다.

1. AI 기술 변화 전망

표 1 기업별 인공지능 기술 보유 현황[6]

기업	인공지능 기술 보유 현황
구글	영상 및 음성 인식 전 분야, 자율주행 시스템, 의료 진단
아마존	음성 인식 기반 개인 비서, 물류 자동화, 무인마트
IBM	왓슨 기반 의료 진단, 자율주행 시스템
페이스북	얼굴 인식, 인공지능 기반 메신저 서비스
마이크로소프트	얼굴 인식, 인공지능 비서, 클라우드 기반 서비스
애플	얼굴 및 감정 인식, 자율주행 소프트웨어
삼성전자	음성 인식(bixby), 자율주행 소프트웨어
네이버랩스	자율주행 시스템, 영상 및 음성인식, 번역, 로보틱스
NVIDIA	크리에이티브디자인, 자율주행자동차 로보틱스, Chat GPT, GPU(그래픽처리장치), AGI(일반인공지능)
중국 Deep Seek	오픈 AI, 신1세대 언어모델 V3
소프트뱅크	로봇 기반 인공지능 서비스(pepper)
바이두	영상 및 음성 인식 전 분야(Deep Speech)

오늘날 인공지능 기술은 우리의 일상과 사회를 근본적으로 변화시키고 있다. 음성 인식, 자율주행 시스템, 감정 인식, 인공

6 이현청, "4차 산업혁명과 인재상", 한양대학교 청산학당 자료 (2018).
이현청, "Chat GPT와 대학", 한양대 미발간 자료 (2024).
아주경제, 2025년 1월 30일자 전병서 칼럼.

지능 서비스, 물류 자동화, 자가 의료 진단 등 삶의 모든 영역에 걸쳐 인공지능이 가져올 변화는 가히 상상을 초월한다. 이러한 변화는 기술적 혁신의 결과로만 그치지 않고, 인간의 상상력과 추측을 현실로 만드는 기반이 되고 있다.

세계적인 인공지능 선두 기업들의 경쟁과 신기술 개발은 교육, 보안, 인간 관계 등 다양한 분야에서 큰 변화를 예고하고 있다. 예를 들어, 인공지능 교사와 AI 기반 학습 시스템이 보편화되고, 얼굴 인식 기술은 보안과 인간 상호작용의 방식을 완전히 바꿀 것으로 보인다. 통신 매체를 통한 커뮤니케이션이 가상현실을 활용한 형태로 전환되면, 시공을 초월한 소통이 일상이 될 것이다.

자율주행 기술은 인공지능 기술을 활용한 대표적인 사례다. 자율주행 시스템은 도로 상황을 인식하고 차선을 변경하거나 속도를 조절하는 등의 작업을 사람의 개입 없이 수행할 수 있다. 이러한 기술은 물류와 교통 시스템에 대규모 변화를 가져오며, 기존 운송 관련 직업군의 감소를 초래할 수 있지만, 동시에 새로운 직업을 창출할 가능성도 열어준다. 또한, 자율주행 기술은 자동차뿐 아니라 드론과 같은 서비스 로봇에도 적용되어, 물품 배달과 개인용 운송수단의 혁신을 이끌어낼 것이다.

의료 분야는 인공지능 기술이 가장 빠르게 영향을 미치고 있는 영역 중 하나다. 자가 진단, 자가 치유, 생명주기 예측 등 인공지능 기반 의료 시스템은 인간의 수명을 연장시키고 삶의 질을 향상시키고 있다. 예를 들어, IBM의 인공지능 시스템 '왓슨'은 뇌 병변 영역을 자동으로 검출하고 고정밀 진단을 제공한다. 앞으로는 인간 의사보다 인공지능 의사의 역할이 더 확대될 가능성이 크다. 의료 교육 또한 문제 중심 학습과 같은 새로운 방식으로 전환되며, 인공지능 진료를 대비한 교육적 노력이 계속되고 있다.

이외에도 반려 로봇과 같은 인공지능 제품은 우리의 생활 속으로 깊숙이 자리 잡고 있다. 반려 로봇은 단순한 도구를 넘어 동반자이자 조력자로서의 역할을 수행하며, 집안일을 돕거나 사용자와 소통하는 데 활용되고 있다. 얼굴 인식 기술 역시 점차 결제 시스템과 같은 실생활 서비스에 통합되어, 구매와 결제가 간편해지고 사용자의 편의가 극대화될 것이다.

예를 들어, 아마존의 무인 마트 서비스는 고객이 줄을 서거나 결제를 기다릴 필요 없이 원하는 물건을 바로 가져갈 수 있는 환경을 제공한다. 이러한 서비스는 곧 백화점, 편의점, 대형마트 등 다양한 상업 시설로 확대될 가능성이 크다.

4차 산업혁명과 AI 시대의 이해는 단순히 기술의 발전만을 의미하지 않는다. 이는 인간의 삶의 방식, 사고방식, 그리고 교회의 역할과 신앙생활에 이르기까지 근본적인 변화를 요구한다. 빠르게 변화하는 세상 속에서도 변하지 않는 하나님의 말씀에 의존하는 믿음이야말로 우리가 세상을 이길 수 있는 지혜다. AI 시대는 목회환경에도 새로운 도전을 제시하며, 교회와 목회자의 역할 변화가 불가피한 시대가 되었다.

결론적으로, 4차 산업혁명과 AI 시대를 이해하는 것은 단순히 기술적 변화를 아는 것 이상으로, 삶의 변화와 목회적 대응을 준비하는 데 중요한 기반이 된다. 이어지는 장에서는 이러한 변화가 목회환경과 교회 생태계, 그리고 설교와 신앙생활에 어떤 영향을 미치는지 더 구체적으로 다룬다.

제3장

AI 시대와 목회환경 변화

AI 시대는 시간과 공간, 언어와 문화를 초월하는 메가네트(Mega-net)[1]의 시대다. 이러한 기술적 환경은 전통적으로 보수적이며 성경 말씀을 중심으로 이루어져 온 목회환경과는 상당한 거리감을 느끼게 한다. 하지만 역사를 되돌아보면, 산업혁명의 각 단계에서 복음 사역과 세계 선교에도 큰 변화가 있었음을 알 수 있다.

예를 들어, 1784년 유럽, 특히 영국에서 시작된 1차 산업혁명은 방적기와 증기기관의 발명으로 인간 노동이 기계화로 대체된 시기였다. 이 시기에도 복음의 전파는 새로운 길을 찾았다.

---

1 메가네트(Mega net)는 신조어로서 초거대 연결사회라는 뜻이다.

증기기관의 발명으로 탄생한 증기선은 해외 선교를 가능하게 했고, 현대 선교의 아버지라 불리는 윌리엄 케리(William Carey)는 이를 활용하여 인도 선교를 진행했다. 이로 인해 유럽 중심의 선교 활동이 아프리카, 아시아, 아메리카 등의 대륙으로 확장되며 '해안선 선교 시대'(Coast Lands Mission Era)가 열렸다.[2] 안오순(2024)은 이러한 근대 선교 역사를 해안 선교 시대(1792-1910), 내지 선교 시대(Inland Mission Era, 1865-1980), 미전도 종족 선교 시대(Unreached People Group Mission, 현재)로 나누며,[3] 이러한 변화가 산업혁명과 밀접하게 연관되어 있다고 설명한다.

이어지는 2차 산업혁명은 1870년부터 1914년까지 전기의 발명과 함께 자동차, 중화학, 철강산업의 발전을 이끌며 대량생산 시대를 열었다. 이로 인해 '탈교회화'와 '탈 그리스도교화' 같은 도전적인 변화가 일어났지만, 허드슨 테일러(James Hudson Taylor)와 같은 선교자들은 이 시기를 기회로 삼아 중국 내지 선교 시대를 개척했다.[4]

3차 산업혁명은 1969년부터 1990년대까지 이어졌으며, 컴퓨터 기술과 디지털 혁명이 주도한 시기였다. 지식 정보화 사회로

---

2 신성주, "'4차 산업혁명 시대의 선교적 과제", www.kscomodeo.com/ news/ article view (2024. 10. 23 접근).

3 안오순, 『제4차 산업혁명 시대의 청중에게 적실한 상호협력적 설교』(서울: 도서출판사무엘, 2024), 16.

4 안오순, 『제4차 산업혁명 시대의 청중에게 적실한 상호협력적 설교』17.

전환된 이 시대는 지식의 양과 변화 속도가 폭발적으로 증가하며 인간의 삶 전반은 물론 목회환경에도 큰 영향을 미쳤다. 컴퓨터와 디지털 기술의 도입은 지식의 저장, 유통, 확산을 빠르게 하며 목회와 선교 활동에도 변화를 가져왔다. 디지털 기술의 발달로 '디지털 목회'(Digital Ministry)가 등장했고, 온라인 선교와 미전도 종족 선교가 활발히 이루어졌다.

이처럼 1차, 2차, 3차 산업혁명은 목회와 선교 활동의 패러다임을 변화시켜 왔다. 그리고 4차 산업혁명, 특히 인공지능(AI)을 중심으로 한 AI 시대는 또 다른 목회환경의 변화를 초래하고 있다. 이 시대의 특징은 단순한 기술의 발전을 넘어, 인간의 삶과 교회의 사역 방식을 근본적으로 변화시키는 데 있다.

AI 시대의 목회환경 변화를 이해하기 위해 4차 산업혁명의 주요 특징과 그로 인한 환경 변화를 살펴보면, 지금까지의 기술 혁신이 목회와 선교에 끼친 영향을 바탕으로 앞으로의 새로운 패러다임을 예측할 수 있을 것이다.

제1절

AI 시대의 환경 변화

AI 시대의 환경 변화는 이전과는 다른 근본적인 특징을 지니고 있으며, 이러한 변화는 인간의 삶과 사회를 크게 재구성하고 있다. 특히, 4차 산업혁명은 디지털 기술과 물리적 환경의 통합, 인공지능의 급속한 발전, 증강현실과 가상현실의 융합 등 기존 산업혁명과 차별화된 요소를 포함하고 있다.

AI 시대의 환경 변화는 다음과 같은 네 가지 핵심적인 특징으로 요약할 수 있다.

첫째, 디지털 기술과 물리적 환경, 즉 피지컬 세계가 융합되어 새로운 형태의 시스템과 경험을 창출하고 있다. 디지털 기술은 더 이상 독립된 영역이 아니며, 우리의 일상생활에 완전히 통합되어 있다. 이는 우리가 사용하는 스마트 기기, 인터넷 기반 서비스, 그리고 자동화 기술 등에서 뚜렷하게 나타난다.

둘째, 인공지능의 급격한 발전은 인간과 기계의 경계를 모호하게 하고 있다. 인간은 기술의 도움으로 점점 더 기계화된 삶을 살아가며, 반대로 인공지능형 로봇은 인간과 비슷한 기능을 수행하며 점차 인간화되고 있다. 이러한 변화는 기술과 인간의 융합이라는 새로운 패러다임을 제시한다.

셋째, 증강현실(AR)과 가상현실(VR)의 기술이 발전하며, 우리가 상상했던 것들이 현실로 구현될 가능성이 열리고 있다. 이러한 기술은 교육, 의료, 게임 등 다양한 분야에서 인간의 경험을 완전히 새로운 방식으로 변화시키고 있다.

넷째, 인간이 상상하거나 사고했던 모든 것이 현실화되는 시대가 도래하고 있다. 이는 단순히 기술의 발전을 넘어, 인간의 상상력이 현실을 만들어내는 능력을 가능하게 한다. 이러한 특징은 인간의 창의성과 기술의 융합을 기반으로 새로운 환경을 구축한다.

이와 같은 특징은 3차 산업혁명과의 명확한 차이를 보여준다. 3차 산업혁명이 지식 정보화와 네트워크 혁명을 중심으로 했다면, 4차 산업혁명은 지식의 융합과 창의적인 사고의 현실화를 추구한다. 이를 정리하면 다음과 같은 차별점으로 요약할 수 있다.

- 디지털과 물리적 영역의 융합을 통한 새로운 시스템 창출
- 효율성과 효과성에서 가상의 현실화와 현실의 가상화로의 변화
- 지식 네트워크 혁명에서 지식 융합 혁명으로의 진화
- 지식 혁명에서 지혜 혁명으로의 전환
- 공간 혁명에서 시공간 혁명으로의 확장

이러한 변화는 인간의 삶의 방식뿐만 아니라 교회와 신앙생활에도 중대한 영향을 미친다. 특히, 기술과 신앙이 융합되는 시대적 흐름 속에서 목회환경의 변화는 필연적이다. 4차 산업혁명은 교회와 목회자의 역할을 재조명하며, 새로운 도전에 대한 창의적이고 신앙적인 해법을 요구하고 있다.

1. 물리적 공간의 대변화: 탈 물리공간 시대(Dephysical Age)[5]

4차 산업혁명은 물리적 공간의 개념을 근본적으로 변화시키며, 이를 통해 삶과 사회 전반에 걸쳐 새로운 형태의 연결성과 혁신을 가져오고 있다. 기존의 물리적 공간은 디지털 융합 기술

5 '탈 물리적 공간 시대'는 신조어로서 가상현실과 증강현실 기술이 발전되면 현실적인 물리적 공간이 변화되어 의미가 퇴색되는 탈 물리 공간 시대가 된다는 의미이다.

에 의해 새로운 기능과 역할을 부여받아, 단순한 장소의 개념에서 벗어나 지능형 환경으로 변화하고 있다.[6] 이러한 변화는 생활 방식과 사고방식, 그리고 주변 환경에까지 깊은 영향을 미치며, 완전히 새로운 공간 시스템을 창조해 가고 있다.[7]

스마트 도시(Smart City)는 이러한 변화를 대표적으로 보여주는 사례 중 하나다. 교통, 에너지, 보안 시스템 등 도시 운영의 핵심 요소들이 디지털 기술과 연결되어 실시간으로 관리되고 최적화된다. 이를 통해 도시 내의 자원 활용은 더욱 효율적이 되고, 주민들에게는 보다 안전하고 편리한 환경이 제공된다. 스마트 홈(Smart Home) 역시 디지털 융합 기술의 발전으로 생활 공간을 진화시키고 있다. 가전제품과 시설들이 서로 연결되어 사용자의 생활 패턴과 요구에 맞춰 자동으로 작동하며, 삶의 질을 높이고 편리함을 극대화한다.

이러한 기술적 변화는 물리적 공간의 활용 방식을 넘어, 공간과 인간의 상호작용 방식을 새롭게 정의하고 있다. 이제 공간은 단순히 사람들이 이용하는 장소가 아니라, 인간을 이해하고 반응하며 사용자와 소통하는 동적이고 지능적인 환경으로 변모하고 있다. 자연 환경과 인공 환경의 경계가 허물어지고, 삶의 모든 요소가

6 김진하, "제4차 산업혁명 시대, 미래사회 변화에 대한 전략적 대응 방안 모색", 「R&D InI」15 (2016): 45-58.

7 김진하, "제4차 산업혁명 시대, 미래사회 변화에 대한 전략적 대응 방안 모색", 48.

디지털 기술과 융합되며 더 나은 경험과 가능성을 제공한다.

4차 산업혁명은 물리적 공간을 혁신적으로 변화시키는 데 그치지 않고, 인간 중심의 환경을 구축하며, 사회와 생활 구조를 재편하고 있다. 이러한 변화는 생활 방식뿐 아니라 교회와 목회 환경에도 영향을 미치고 있다. 특히, 물리적 공간의 변화는 전통적 예배와 신앙생활의 형태를 새롭게 조명하게 만들며, 목회자와 성도들이 디지털 기술과 어떻게 조화롭게 상호작용할 것인지에 대한 고민을 요구하고 있다. 이는 단순한 기술적 적응을 넘어, 신앙과 기술이 함께하는 새로운 패러다임을 만들어 가는 과정이라 할 수 있다.

2. 인간 삶의 변화: 네트워크 스토어와 허브 스토어 시대

AI 시대는 인간의 삶 전반에 걸쳐 근본적인 변화를 일으키고 있다. 이러한 변화는 기술적 발전에 따른 새로운 생활 방식과 사고방식, 그리고 인간과 환경 간의 상호작용에서 두드러지게 나타나며, 동시에 인간의 정체성과 가치관에도 깊은 영향을 미치고 있다.[8] 4차 산업혁명은 단순히 기술의 발전을 넘어 인간의 삶

8 한국일보, "인공지능시대, 어떻게 살아야하나?", https://www.hankookilbo.com/ News/Read/ (2024. 12. 13).

을 다시 정의하고 있으며, 이러한 변화는 기독교 신앙과 목회환경에도 중요한 도전과 기회를 제공하고 있다.

AI 기술과 빅데이터, 사물인터넷(IoT) 등의 융합으로 기존의 물리적 공간과 서비스 방식은 새로운 형태로 진화하고 있다. 예를 들어, 네트워크 스토어나 허브 스토어와 같은 매장은 단순히 물건을 구매하는 장소를 넘어, 가상과 물리적 환경이 통합된 인터랙티브한 공간으로 변화하고 있다. 이러한 매장에서는 고객의 특성과 욕구를 분석하여 맞춤형 서비스를 제공하며, AR(증강현실)과 VR(가상현실) 기술을 통해 새로운 쇼핑 경험을 가능하게 한다. 고객은 매장에 직접 방문하지 않고도 자신만의 취향에 맞는 상품과 서비스를 가상 환경에서 체험하고 선택할 수 있다.

헬스케어 분야에서도 IoT와 AI 기술의 융합은 개인의 건강관리 방식을 혁신적으로 변화시키고 있다. 개인의 바이오리듬과 생활 습관을 분석하여 적절한 운동, 식사, 여가 활용을 제안하는 서비스가 보편화되고 있으며, 이는 단순한 건강관리에서 나아가 삶의 질을 향상시키는 데 기여하고 있다. 이러한 변화는 인간의 일상생활을 더욱 편리하게 만드는 동시에, 인간과 기술 간의 의존성을 심화시킴으로써 삶의 본질과 정체성에 대한 새로운 논의를 불러일으키고 있다.

이러한 기술적 변화는 단지 개인의 삶에만 국한되지 않고 교회와 예배 환경에도 영향을 미치고 있다. 네트워크형 교회 문화의 확산은 이러한 변화를 잘 보여주는 사례다. 성도들은 물리적 공간에 구애받지 않고 가상 공간에서 교제하며 예배에 참여할 수 있게 되었고, 이는 새로운 형태의 신앙생활과 예배 문화를 창출하고 있다. 그러나 이러한 변화는 동시에 인간의 신앙과 공동체성에 대한 도전도 함께 제기하고 있다. 물리적 교제와 예배의 경험이 디지털화되면서, 공동체의 본질적 의미와 신앙의 깊이에 대한 고민이 필요해졌다.

결론적으로, 4차 산업혁명과 AI 시대가 가져오는 인간 삶의 변화는 기술의 진보를 넘어 우리의 신앙과 삶의 방식에 근본적인 영향을 미치고 있다. 이러한 변화 속에서 교회와 성도들은 신앙의 본질을 유지하면서도 새로운 기술과 환경에 유연하게 적응하는 방법을 모색해야 한다. AI 시대의 도래는 목회와 신앙생활에 도전이자 기회로 다가오고 있으며, 이는 새로운 목회 패러다임과 신앙적 대응을 요구하고 있다.

3. 4차 산업혁명과 사회적 과제: 550만 개의 일자리가 사라진다

3.1. 실업 문제: 비정규직 유목민 시대

4차 산업혁명은 인간의 삶과 일자리에 커다란 변화를 가져오고 있다. 그중에서도 실업 문제와 고용 형태의 변화는 중요한 과제로 떠오르고 있다. 이 혁명은 주요 산업군과 직업군의 구조를 근본적으로 재편하며, 이에 따른 사회적 충격은 불가피하다. 기존 일자리의 상당 부분이 사라지고 새로운 일자리가 생겨나겠지만, 이는 직업 구조와 고용 형태를 급격히 변화시킬 것이다.

자동화와 인공지능 기술의 발달은 많은 일자리를 대체할 것으로 예상된다. 노동 시간이 단축되고 작업 환경이 개선될 가능성을 열어주지만, 동시에 대규모 실업 문제를 초래할 위험도 존재한다. 자동화된 기계와 시스템이 인간의 역할을 대체하면서 일자리 감소는 현실로 다가오고 있다. 이러한 상황에서 국가와 사회는 실업 문제를 완화하고 기본적인 삶의 질을 보장하기 위한 정책적 대안을 모색해야 한다.

고용 형태 역시 급격히 변화하고 있다. 전통적인 평생직장 개념은 점차 사라지고, 고용 가능성 중심의 유연한 노동 시장이 형성되고 있다. 비정규직과 단기 계약 형태의 고용이 증가하면서, 다수의 사람들이 '비정규직 유목민' 또는 프리랜서로서 다양한 직업을 병행하게 될 가능성이 크다. 이는 개인의 직업 안정성과 경제적 안정을 위협할 뿐 아니라, 성도들의 신앙생활에도 깊은 영향을 미칠 수 있다. 실업과 고용 불안정은 심리적 스트레스와 갈등을 초래하며, 신앙적 고민과 갈등을 심화시킬 수 있다. 교회는 이러한 변화 속에서 성도들에게 정신적, 영적 지원을 제공하며 새로운 직업 환경에 적응하도록 돕는 역할을 해야 한다.

결국, 4차 산업혁명이 가져오는 실업 문제와 고용 형태의 변화는 단순히 경제적 과제를 넘어 신앙적이고 공동체적인 과제로 이어질 것이다. 교회는 성도들이 믿음을 바탕으로 새로운 환경 속에서 희망을 잃지 않도록 이끄는 지혜와 대안을 제시해야 한다. AI 시대는 신앙의 본질을 다시 생각하고 실질적인 도움을 제공하는 목회적 역할을 강화할 기회이자 도전으로 다가오고 있다.

3.2. 공감형 기술직의 생존 시대

4차 산업혁명 시대에는 인공지능(AI)과 로봇 기술이 인간의 많은 직업을 대체할 것으로 예상된다. 그러나 인간만이 수행할 수 있는 고유한 역할, 즉 공감과 감성에 기반한 직업군은 여전히 중요한 영역으로 남아 있다. 토머스 프리드먼(Thomas L. Friedman)은 이러한 직업군을 "공감형 기술직"이라 표현하며, 이는 기술과 감성의 융합이 요구되는 새로운 형태의 직업을 의미한다.

공감형 기술직은 단순한 기술적 능력뿐 아니라 공감 능력과 감성적 이해를 요구한다. 예를 들어, 의료 분야에서 의사는 인공지능을 활용해 진단을 내리더라도 환자에게 결과를 전달하며 따뜻한 위로와 공감을 제공한다. 이는 데이터 분석에서 벗어나 인간적인 교감을 통해 신뢰와 안심을 주는 중요한 역할이다. 이러한 공감형 기술직은 AI와 로봇이 제공할 수 없는 인간 고유의 가치를 반영하며, 앞으로 더욱 주목받을 가능성이 크다.

목회환경에서도 이러한 교훈은 중요하다. AI 시대에서 목회자는 공감형 리더로서의 역할을 재정립해야 한다. 단순히 설교와 조직 운영에 그치지 않고 성도들의 감정과 상황을 깊이 이해하며 마음으로 다가가는 목회자상이 요구된다. 공감형 목회는 성도들과의 깊은 신뢰 관계를 통해 AI 시대에도 변치 않는 목회의 본질을 유지할 수 있는 중요한 전략이 될 것이다.

3.3. 자율주행 자동차와 드론 산업: 개인 드론 시대의 도래

4차 산업혁명의 중요한 변화 중 하나는 이동 수단과 운송 체계에서 나타나고 있다. 그 중심에 있는 산업은 자율주행 자동차와 드론 기술이다. 이러한 기술은 이미 상용화 단계에 들어섰으며, 가까운 미래에는 개인용 드론과 완전 자율주행 자동차 시대가 본격적으로 도래할 것으로 보인다.

자율주행 자동차는 기존 자동차 산업의 변화를 넘어 운송 체계 전반에 걸친 대혁명을 예고하고 있다. 기존의 화석연료 기반 자동차는 점차 전기차와 자율주행 기술로 전환되고 있다. 그러나 이 같은 기술적 진보에도 불구하고 법적·제도적 기반은 아직 부족하다. 자율주행 기술의 확산을 위해서는 규제 완화와 제도 개선이 필요하다.

드론 산업 역시 4차 산업혁명의 핵심 분야로 주목받고 있다. 드론은 물류, 농업, 재난 구조 등 다양한 분야에서 활용 가능성을 열고 있으며, 정부는 이를 신성장 동력으로 육성하려 하고 있다. 그러나 드론 산업 활성화를 위해 관련 법과 제도의 개선이 필요하다. 안전 운행 규정과 전문 인력 육성을 위한 체계적인 지원도 요구되고 있다.

이러한 기술적 진보는 사회 전반에 긍정적인 변화를 가져올 가능성이 크다. 그러나 이를 뒷받침할 법적·제도적 기반이 부족하다면 발전의 걸림돌이 될 수 있다. 자율주행 자동차와 드론 기술은 우리의 생활 방식과 사회 구조에 깊은 영향을 미칠 것이며, 교회와 목회환경에도 영향을 줄 것이다. 교회는 성도들이 변화하는 환경 속에서도 신앙의 본질을 지켜나갈 수 있도록 지원해야 한다.

4. 4차 산업혁명의 윤리적 딜레마

4차 산업혁명 시대는 놀라운 기술적 발전을 가져왔지만, 동시에 심각한 윤리적 딜레마를 안고 있다. 특히, 비정상적 행동을 보이는 로봇, 이른바 '사이코패스 로봇'의 등장은 이러한 딜레마를 극명하게 보여주는 사례다. MIT 연구원이 개발한 '노먼(Norman)'이라는 로봇은 고의적으로 폭력적이고 부정적인 데이터를 학습한 결과, 극도로 어두운 성향을 드러냈다. 이는 로봇이 학습하는 데이터가 결과에 얼마나 중요한 영향을 미칠 수 있는지를 명확히 보여준다.

'노먼'은 인간의 심리적 상태를 평가하기 위해 사용되는 로르샤흐(Rorschach) 검사에서 일반적인 인공지능과는 전혀 다른 섬뜩한 해석을 내놓았다. MIT 연구진은 이를 통해 인공지능이 편향된 데이터를 학습했을 때 발생할 수 있는 문제를 경고하며, 문제의 원인은 알고리즘이 아니라 데이터의 편향성임을 강조했다. 잘못된 데이터로 학습된 인공지능은 인간에게 치명적인 영향을 미칠 수 있으며, 이는 기술적 문제를 넘어 윤리적이고 사회적인 문제로 이어질 수 있다. 일부 사람들은 인공지능이 질병을 치료하거나 사회적 문제를 해결하는 데 기여할 수 있다고 주장하지만, 특정 목적으로 프로그래밍된 인공지능이 치명적인 결과를 초래할 가능성도 간과할 수 없다.[9]

이러한 윤리적 이슈는 기술 개발에만 국한되지 않는다. AI 시대에 교회와 목회자들도 이 문제에 대해 경계하고 대비해야 한다. 인공지능이 설교, 신앙교육, 예배 등 신앙생활의 여러 부분에서 활용될 가능성이 커지고 있는 만큼, AI 기술의 활용 과정에서도 윤리적 기준이 반드시 고려되어야 한다. 설교 내용이 AI에 의해 생성될 경우, 그 데이터의 출처와 편향성을 면밀히 검토해야 하며, AI가 성도들에게 미칠 수 있는 영향에 대해 목회자는 책임감을 가져야 한다.

---

9 로봇신문, 2018년 06월 18일.

하나님의 말씀을 전하고 신앙을 교육하며 예배를 드리는 데 있어 인공지능은 인간 목회자와 성도 사이의 신앙적 관계를 대신할 수 없는 보조적인 역할에 머물러야 한다. AI 기술이 효율성과 편리함을 제공할 수는 있지만, 인간 목회자가 공감과 진정성을 통해 이루는 관계적 소통과 영적 지도는 대체될 수 없다. 교회는 AI 기술의 윤리적 활용을 위한 명확한 가이드라인을 마련하고, 이를 신앙의 본질을 유지하며 성도들의 신앙을 심화하는 방향으로 활용해야 한다.

이러한 윤리적 문제와 대응 방안은 교회가 AI 시대를 맞아 직면하게 될 주요 과제다. AI가 가져올 잠재적 이점과 위험성을 균형 있게 인식하고 이를 통해 신앙의 본질을 지켜 나가는 노력이 요구된다. 이는 설교와 목회환경 변화와도 밀접하게 연결되며, 앞으로의 신앙생활과 목회적 대응을 결정하는 중요한 요소가 될 것이다.

5. 에너지 확보와 관련된 쟁점: 에너지 그리드 등장

4차 산업 사회에서 에너지는 새로운 기술 융합과 신산업의 기반을 이루는 필수적인 요소로 자리 잡고 있다. 신기술과 신산업이 발전함에 따라 이를 유지하고 발전시키기 위한 에너지 확보는 매우 중요한 과제가 되고 있다. 전기자동차, 무인자동차, 고성능 로봇 등 많은 첨단 기술은 점점 더 많은 에너지를 필요로 하고 있으며, 이러한 기술이 발전할수록 에너지 수요는 급격히 증가하고 있다.

뿐만 아니라, 인공지능(AI)과 사물인터넷(IoT) 등 다양한 기술 분야에서 에너지 수요가 급증하고 있어 이를 해결하기 위한 노력이 절실하다. 대안으로는 태양광과 풍력 같은 대체 에너지가 주목받고 있지만, 여전히 에너지 효율성과 지속 가능성을 높이기 위한 연구와 접근이 활발히 이루어지고 있다. 그중 하나로 '에너지 그리드' 개념이 부상하고 있다. 이는 기존 에너지원을 최적으로 관리하고 효율성을 극대화하는 기술적 기법으로, 4차 산업 시대의 중요한 과제로 자리 잡고 있다. 이를 통해 에너지를 보다 체계적으로 활용하고, 새로운 기술을 지속 가능하게 발전시키기 위한 기반을 마련하고자 한다.

4차 산업의 핵심 산업 영역인 인공지능, IoT, 3D 프린팅 등을 유지하려면 막대한 에너지가 필요하다. 예를 들어, 알파고는 10만 개 이상의 바둑 기보를 학습하는 데 1,202개의 CPU와 176개의 GPU를 사용했으며, 이 과정에서 약 1메가와트의 에너지를 소비했다. 이는 대국자였던 인간이 소비한 20와트와 비교했을 때 약 500배에 달하는 수치로, 첨단 기술이 요구하는 에너지 규모를 실감하게 한다.

에너지 경제학에서는 효율성과 투자 대비 효과를 나타내는 지표로 에너지 투자 대비 효율성(Energy Return on Investment, EROI)

을 사용한다. 이는 특정 에너지원의 생산에 소요되는 에너지와 실제로 생산되는 에너지 간의 비율을 나타낸다. 그러나 현재 화석 연료 기반 시스템으로는 첨단 기술이 요구하는 막대한 에너지 수요를 감당하기 어렵다.

2030년까지 약 500억 개의 사물이 인터넷으로 연결될 것으로 전망되며, 2040년에는 전 세계 판매 자동차 중 35%가 전기차가 될 것으로 예견된다. 이는 에너지 생산 방식의 혁신과 대책이 필요하다는 점을 시사한다. 에너지 수요의 증가는 단순히 기술적 문제에 그치지 않고, 지구 온난화와 같은 환경 문제를 동반하기 때문에 과잉 사용의 부작용에 대한 해결책도 함께 마련해야 한다.

결국, 에너지원 확보와 효율성 증대, 그리고 환경 문제를 동시에 해결하려는 노력이 4차 산업 사회의 지속 가능한 발전을 위한 필수 요소로 자리 잡고 있다. 이는 단순히 기술 발전을 넘어 인간 삶의 지속 가능성과 직접적으로 연결된 문제로, 기독교적 관점에서도 창조 세계 보전을 위한 중요한 신학적 과제로 다루어져야 할 것이다.

6. 양극화의 심화와 사생활 침해

4차 산업 사회는 기술 발전과 새로운 산업 구조의 변화로 인해 다양한 도전과 과제를 안고 있다. 그중에서도 양극화의 심화와 사생활 침해는 이 시대가 직면한 가장 중요한 사회적 문제 중 하나이다. 이러한 문제들은 기술 발전이 가져오는 혜택과 함께 인간과 사회에 미치는 부정적 영향을 동시에 드러내고 있다.

양극화의 심화는 신기술의 발전과 보급 과정에서 불평등이 확대되는 현상으로 나타나고 있다. 기술 격차로 인해 국가 간, 지역 간, 그리고 계층 간의 빈부 격차가 심화되고, 이러한 불평등은 단기간에 해소되기 어려운 구조적 문제로 자리 잡고 있다. 신기술을 활용할 수 있는 능력을 보유한 소수와 그렇지 못한 다수 간의 차이는 직업 기회와 소득 격차를 낳으며, 이는 다시 교육과 사회적 이동성에도 영향을 미쳐 악순환을 초래한다.[10]

미래학자들과 경제학자들은 이러한 문제를 해결하기 위해 새로운 형태의 교육과 직업 재훈련 프로그램이 필수적이라고 강조하고 있다. 그러나 이러한 노력에도 불구하고 기술과 자본의 독점으로 특정 계층의 부와 권력이 강화되는 현상은 불가피해 보인다. 특히, 기술이 산업과 사회 시스템 전반에 걸쳐 빠르게

---

10 매일경제, "이인식 과학칼럼: 4차 산업혁명의 빛과 그림자", (2016. 7. 22.).

확산될수록 기존 시스템은 붕괴하고, 새로운 시스템이 자리 잡기까지의 과도기적 혼란은 양극화를 더욱 심화시킬 수 있다.

이와 더불어, 사생활 침해와 국가 안보 위협은 4차 산업 사회에서 필연적으로 발생하는 윤리적 쟁점으로 부각되고 있다. 인공지능과 빅데이터 기술의 발전은 개인의 정보를 수집하고 분석하여 다양한 편의를 제공하지만, 동시에 이러한 정보가 오용되거나 악용될 가능성도 높아지고 있다. SNS를 비롯한 디지털 플랫폼에서 이미 발생하고 있는 사생활 침해 문제는 4차 산업 사회가 더욱 진전될수록 심각해질 것으로 예상된다.[11] 개인의 일상생활, 금융 정보, 심지어는 감정과 사상까지 데이터로 수집되고 분석될 수 있는 시대에, 개인의 프라이버시를 보호하는 윤리적이고 법적인 장치가 절실히 필요하다.

이러한 문제는 단순히 기술적인 해결책만으로는 극복할 수 없으며, 기술 발전에 따른 윤리적 기준과 사회적 합의가 필요하다. 기술이 가져오는 편리함과 함께 그 부작용을 최소화하기 위한 노력은 4차 산업 시대를 살아가는 모두의 과제가 되어야 한다. 특히, 교회와 목회자는 이러한 기술의 윤리적 문제를 주목하고, 신앙적 관점에서 기술 활용의 기준을 세우는 데 역할을 해야 한다. 설교와 예배의 디지털화 과정에서도 성도들의 프라이

11 이현청, '4차 산업혁명과 대학의 미래,' 서울포럼 기조강연 영문자료.(2018)

버시와 윤리적 가치를 존중하며, 믿음의 공동체 안에서 새로운 기술을 신중히 수용해야 한다.

결론적으로, 4차 산업 사회는 새로운 기술이 가져오는 가능성과 동시에 그에 따른 윤리적 도전과 책임을 수반하고 있다. 양극화와 사생활 침해의 문제는 단순히 경제적·기술적 문제가 아니라 인간의 존엄성과 사회적 정의를 지키기 위한 본질적인 과제이다. 이러한 시대적 흐름 속에서 교회와 신앙 공동체는 성경적 가르침을 바탕으로 기술 활용의 올바른 방향성을 제시하며, 사회적 책임을 다해야 할 것이다.

제2절

AI 시대의 목회환경 변화

AI 시대의 환경 변화는 목회환경에 깊은 영향을 미친다. 앞서 제1절에서 AI 시대의 환경 변화를 여섯 가지 관점에서 논의했듯이, AI의 핵심 기술로 평가받는 인공지능, 빅데이터, 사물인터넷(IoT), 메타버스(Metaverse) 등의 첨단 기술은 4차 산업 시대의 환경 변화와 사회적 과제와 결합되어 목회환경 전반에 걸쳐 변화를 초래한다.

현재 AI 기술의 발전 속도를 감안할 때, 이러한 기술이 목회활동에 활용되는 범위는 계속해서 확장될 것이다. 예배 형식의 변화, 설교 작성 방식, 신앙교육의 형태, 신앙 상담 방법 등에서 AI 기술의 활용이 점점 더 활발해질 것으로 보인다. 예를 들어, 가상현실(VR)이나 증강현실(AR)을 활용한 메타버스 기반의 예배 형태는 이미 미국과 유럽에서 도입되고 있으며, 우리나라에서도 일부 교회가 이를 실험적으로 적용하고 있다. 이러한 기술은 가나안 성도(교회에 출석하지 않는 신앙인), 농어촌 소규모 교회, 신앙교육, 신앙 상담 등에서 유용하게 활용될 가능성이 있다.

그러나 이러한 기술적 활용이 목회에 도입될 때, 중요한 신학적·영적 쟁점이 대두된다. 목회에서 가장 핵심이 되는 하나님 중심의 말씀과 영성의 요소는 기술로 대체할 수 없는 부분이다. 성령의 동행 가운데 이루어지는 설교와 하나님과의 영적 교감을 기반으로 한 목회 활동은 인공지능을 활용한 데이터 기반 설교와 본질적으로 다르다. 따라서 AI를 목회에 도입하는 과정에서, 기술이 하나님 말씀의 본질과 교회의 영적 본성을 훼손하지 않도록 신중한 검토가 필요하다.

결론적으로, AI 기술은 목회환경에 새로운 가능성과 도전을 동시에 제공한다. 교회는 AI 기술을 도구로 적절히 활용하되, 성경의 진리를 중심으로 신앙의 본질을 놓치지 않도록 해야 한다. 목회자들은 AI 기술을 통해 더욱 효과적인 목회 활동을 가능하게 하더라도, 하나님과의 깊은 교감을 기반으로 한 영적 메시지 전달의 역할을 간과해서는 안 된다.

1. 성경적 목회환경과 목회자의 역할

AI 시대의 목회환경 변화와 목회자의 역할은 AI 기술의 가능성과 한계를 중심으로 다음과 같이 정리할 수 있다.

1.1. 목회환경의 변화

첫째, 디지털 사역의 확대

가능성 AI와 디지털 플랫폼을 통해 더 많은 사람들에게 복음을 전하고, 다양한 온라인 예배 및 교육 프로그램을 제공할 수 있다. 예를 들어, 가상현실(VR) 예배나 AI 기반의 성경 공부 앱이 활용될 수 있다.

한계 디지털 사역이 모든 성도에게 동일한 효과를 주지 않을 수 있다. 특히, 기술에 익숙하지 않은 세대나 기술 인프라가 부족한 지역에서는 이러한 접근 방식이 어려움을 겪을 가능성이 크다.

둘째, 데이터 기반 의사결정

가능성 AI는 성도들의 참여도와 관심사를 분석하여 맞춤형 프로그램을 제공하는 데 도움을 줄 수 있다. 이를 통해 교회는 성도들의 영적 필요를 더 깊이 이해하고 반영할 수 있다.

한계 데이터 수집 및 분석이 신앙의 깊이나 영적 경험을 완전히 대체할 수는 없다. 신앙의 본질은 데이터로 측정할 수 없는 부분이 많으며, 이를 간과하면 오히려 본질을 놓칠 위험이 있다.

셋째, 개인 맞춤형 신앙 지원

가능성 AI는 개인화된 기도 요청, 성경 구절 추천, 영적 성장 계획 등을 제공함으로써 성도들이 자신의 신앙 여정을 더 깊이 탐구할 수 있도록 지원할 수 있다.

한계 신앙의 개인적 경험은 인간적인 관계와 소통을 통해 더 깊어지며, AI는 이러한 인간적 교감을 완전히 대체할 수 없다.

위 내용은 AI 시대의 목회환경 변화를 가능성과 한계라는 관점에서 구체적으로 보여준다. 이는 목회자와 교회가 AI 활용의 장점과 제한을 명확히 이해하고 이를 기반으로 신앙의 본질을 유지하며 기술을 활용할 수 있도록 돕는 중요한 기준이 된다.

1.2. 목회자의 역할 변화

첫째, 디지털 목회자

가능성 목회자는 AI와 디지털 도구를 활용하여 더 많은 청중과 더 넓은 지역에 복음을 전파하고, 온라인 공동체를 활성화할 수 있다.

한계 디지털 사역에만 의존할 경우, 성도들과의 인간적인 관계가 약화될 위험이 있다. 신앙의 공동체는 인간적 유대감에서 비롯되기 때문이다.

둘째, 영적 지도자

가능성 AI를 통해 성도들의 영적 필요를 파악하고, 보다 개인화된 상담과 지도를 제공할 수 있다.

한계 AI는 영적인 문제의 복잡성을 이해하지 못하기 때문에, 목회자가 제공하는 인간적인 지혜와 경험을 대체할 수 없다.

셋째, 윤리적 문제

가능성 AI의 윤리적 문제와 관련된 교육을 통해 성도들에게 올바른 기술 사용을 안내할 수 있다.

한계 AI 기술의 윤리적 측면에 대한 이해는 지속적인 논의와 윤리적 교육이 필요하며, 목회자의 역할이 더욱 중요해질 것이다.

넷째, 커뮤니티 형성자

가능성 AI와 디지털 플랫폼을 통해 새로운 형태의 공동체를 형성하고, 더 많은 사람들과 연결될 수 있는 기회를 제공한다.

한계 온라인상의 관계는 오프라인에서의 인간적 유대감과는 다르기 때문에, 진정한 공동체 형성에 한계가 있을 수 있다.

AI 시대의 목회환경 변화 속에서 목회자는 디지털 기술과 AI를 신앙 공동체의 본질을 유지하며 활용하는 방법을 모색해야 한다. 이러한 과정에서 목회자는 신앙의 깊이를 유지하며 성도들의 영적 여정을 지원하고, 인간적인 관계를 강화하는 데 초점을 맞춰야 한다. AI와 함께하는 목회는 새로운 가능성을 열어주지만, 인간의 역할과 영적 본질은 결코 대체할 수 없음을 잊지 말아야 한다.

1.3. 목회환경의 변화: 성경 중심

목회환경의 변화는 AI 시대의 디지털화 확산, 정보 접근성의 향상, 그리고 개인화된 신앙 경험의 확대라는 측면에서 살펴볼 수 있다.

첫째, 디지털화의 확산

"그들이 날마다 마음을 같이하여 성전에서 모이기를 힘쓰고, 집에서 떡을 떼며 기쁨과 순전한 마음으로 음식을 먹고, 하나님을 찬미하며, 온 백성에게 칭송을 받으니라."(사도행전 2:46-47)

디지털 플랫폼의 활용은 성도들이 더 쉽게 소통하며 신앙 공동체를 형성하는 데 기여한다. 이는 물리적 제약을 초월한 예배와 소통을 가능케 하여, 신앙생활의 새로운 가능성을 열어준다.

둘째, 정보의 접근성

"내 백성이 지식이 없음으로 망하는도다."(호세아 4:6)

AI 기술은 성도들에게 풍부한 신앙 자료와 정보를 제공하여, 영적 성장과 이해를 돕는다. 이를 통해 성경 공부와 신앙적 탐구의 접근성이 크게 향상된다.

셋째, 신앙 경험의 개인화

"각 사람이 자기의 짐을 질 것이니라."(갈라디아서 6:5)

AI는 개인 맞춤형 신앙자료와 지도를 통해 각 성도의 신앙 여정을 지원한다. 이는 성도들이 각자의 신앙적 필요에 따라 더욱 깊이 있는 영적 성장을 경험하도록 돕는다.

AI 시대의 목회환경 변화는 신앙 공동체를 강화하고, 각 성도가 자신만의 신앙 여정을 더 깊이 있게 탐구할 수 있는 가능성을 열어준다. 하지만 이러한 기술적 도구의 활용은 성경 중심의 신앙 본질을 잊지 않고 유지하는 가운데 이루어져야 한다.

1.4. 목회자의 역할 변화 성경 중심

디지털 플랫폼의 활용은 성도들이 더 쉽게 소통하며 신앙 공동체를 형성하는 데 기여한다. 이는 물리적 제약을 초월한 예배와 소통을 가능케 하여, 신앙생활의 새로운 가능성을 열어준다.

첫째, 디지털 사역자

"그러므로 너희는 가서 모든 민족을 제자로 삼아 아버지와 아들과 성령의 이름으로 세례를 주고……."(마태복음 28:19-20)

목회자는 디지털 플랫폼을 활용하여 더 넓은 영역에 복음을 전파하고, 다양한 형태의 온라인 사역을 통해 성도들에게 다가가는 역할을 수행해야 한다.

둘째, 영적 지도자

"너희 중에 있는 하나님의 양떼를 돌보며, 강제로 하지 말고 자원하여 하나님께서 맡기신 대로 하며……."(베드로전서 5:2-3)

목회자는 성도들의 영적 성장과 돌봄을 위해 AI와 같은 기술을 보조 도구로 활용하며, 더욱 효과적으로 성도들에게 영적 지도자로서 역할을 다해야 한다.

셋째, 윤리적 교육자

> "너희는 이 세대를 본받지 말고 오직 마음을 새롭게 함으로 변화를 받아 하나님의 선하시고 기쁘시고 온전하신 뜻이 무엇인지 분별하도록 하라."(로마서 12:2)

AI 기술이 가져올 윤리적 문제들에 대해 성도들에게 가르치고, 기독교적 가치관에 기반한 올바른 기술 사용을 지도하는 역할이 더욱 중요해지고 있다.

넷째, 커뮤니티 형성자

> "서로를 돌아보아 사랑과 선한 일을 격려하며, 모이기를 폐하는 일이 없도록 하고……."(히브리서 10:24-25)

목회자는 온라인과 오프라인에서 성도들이 서로 지지하고 성장할 수 있는 공동체를 형성하는 데 핵심적인 역할을 해야 한다.

AI 시대의 목회환경 변화는 디지털화, 정보 접근성, 그리고 개인화된 신앙 경험 등을 통해 목회자의 역할에도 많은 변화를 가져오고 있다. 목회자는 이러한 변화 속에서 영적 지도자, 윤리적 문제 교육자, 그리고 공동체 형성자로서의 역할을 수행하며, 성경의 가르침에 근거한 목회를 이어가야 한다.

특히, 인간처럼 판단하고 자율성을 갖춘 인공지능이 등장할 경우, 윤리적 문제와 인권 문제가 확대될 가능성이 있으므로 목회자는 성도들이 이를 분별하고 바른 길로 나아갈 수 있도록 도와야 한다. 이러한 환경에서 목회자는 무엇보다도 성경 중심의 가르침을 기반으로 성도들의 신앙과 삶을 이끌어 나가는 데 최선을 다해야 한다.

2. AI와 교회의 본질적 기능

일반적으로 교회의 본질적 기능은 다섯 가지로 설명한다. 무형 교회의 3대 본질적 기능인 가르침(디다케), 선포(케리그마), 봉사(디아코니아)와, 유형 교회에 추가되는 예배(레이투르기아) 및 교제(코이노니아)를 포함한다. 밀라드 J. 에릭슨도 교회의 본질적 기능을 예배, 봉사, 전도, 그리고 교제로 분류한다.[12] 이처럼 교회의 본

12 에릭슨 밀라드 J. 『복음주의 조직신학(하)』, 신경수 역(서울: 크리스찬 다이제스트, 2000).

질적 기능은 예배와 설교, 하나님의 나라 확장을 위한 봉사와 구제, 성도 간의 교제를 통한 공동체 형성, 그리고 신앙교육과 설교를 통한 가르침을 핵심으로 한다.

AI 시대에 이러한 본질적 기능들은 목회환경 변화와 성도들의 생태계 변화, 그리고 설교와 예배 방식의 변화로 인해 영향을 받을 수밖에 없다. 대표적인 사례로는 코로나19 이후 확산된 비대면 온라인 예배를 들 수 있다. 이는 교회의 본질적 기능 중 하나였던 신앙 공동체의 물리적 모임을 약화시키는 동시에, 신앙교육과 설교 콘텐츠의 중요성을 부각시켰다. 이에 따라 양질의 콘텐츠 제작과 매체 활용의 중요성이 커졌다.[13]

교회의 본질적 기능 중 예배는 최우선적으로 중시되어야 한다. 하나님께서는 성경을 통해 교회의 존재 이유를 명확히 제시하셨으며, 하나님을 찬양하고(시 150:1), 신령과 진정으로 예배하며(요 4:23-25, 롬 12:1-2), 존경과 두려움으로 하나님께 나아가야 한다(삼상 2:30). 특히, 가르침은 성도들의 성장과 영적 성숙을 위해 필수적이며, 복음 선포는 영혼 구원을 위한 전도와 맞닿아 있다. 마태복음 28장 19절과 사도행전 1장 8절에서 명령한 "모든 족속으로 제자를 삼으라"는 말씀처럼, 복음을 선포하고 가르치는 것은 교회의 본질적 사명이다.

---

13 제해종, "교회의 5대 본질적 기능 재고찰을 통한 포스트 코로나 교회론", 「한국콘텐츠학회지」 20/10 (2020): 233-246.

AI 시대의 목회환경 변화는 교회의 본질적 기능에도 점진적인 변화를 가져올 가능성이 크다. AI 기술이 발전함에 따라, 예배와 선교, 교육, 봉사, 그리고 교제 방식은 점차 새로운 형태로 진화하고 있다. 이러한 변화 속에서도 교회는 본질적 기능을 잃지 않고 하나님 중심의 영적 교통과 이웃 사랑의 섬김, 그리고 신앙 공동체의 본질을 유지해야 한다.

AI와 기독교의 관계는 4차 산업 기술의 진화와 함께 더욱 깊어질 가능성이 높다. AI 시대가 확산될수록 성도들의 생활방식과 신앙관, 나아가 목회환경 전체에도 영향을 미칠 것이다. 이러한 맥락에서, AI 로봇 설교는 단순히 데이터 기반의 설교에 그칠 뿐, 하나님과의 영적 교제를 통한 성령의 감화와는 본질적으로 다르다는 비판이 존재한다.[14] 따라서 AI는 목회자의 보조 도구로 활용될 수 있으나, 인간의 인격과 영성을 대체할 수는 없다.

칼빈의 『기독교 강요』(IV, 3, 11-16)에 따르면, 목회자는 내적·외적 소명과 성령의 은사를 갖춘 사람이어야 하며, 설교와 예배를 통해 성도들이 성령의 도움으로 회개하고 변화를 경험하도록 이끌어야 한다.[15] 그러나 AI는 이러한 영성과 인격을 가질 수 없

---

14 김진명, "4차 산업혁명, 설교도 로봇이 대신 해줄까?", 「크리스찬 투데이」(2018년 05월 25일).

15 John Calvin, *Insttute of The Christian Religion*, vol.4. trans. Henry Beveridge (Grand Rapids: WM.B, Berdimans publishing.co.1989), 323-326.

으며, 단지 데이터를 바탕으로 기계적 메시지 전달만 가능하다. 따라서 AI 시대에는 교회의 본질적 기능을 재조명하고, 교회가 본연의 역할을 충실히 수행할 수 있도록 지혜롭게 AI 기술을 활용해야 한다.

한국교회의 역사에서도 이러한 본질적 기능의 중요성은 강조되어 왔다. 1884년 호레스 알렌 선교사로부터 시작된 한국교회는 전성기였던 1985년, 국민의 약 25%가 교인이었던 시기를 경험했다.[16] 이는 예배와 설교, 그리고 하나님의 말씀 중심의 목회 활동을 충실히 수행한 결과였다. 앞으로도 교회는 이러한 본질적 기능을 유지하며, 변화하는 시대에 맞서 하나님 중심의 신앙을 지속적으로 전파해야 한다.

3. 교회의 현실과 위기

우리나라 교회의 현실과 위기에 대해 우려하는 목소리가 높다. 교회를 떠나는 성도가 증가하고 있으며, 교회 이탈 기간이 평균 7.3년에 달하고, 교회를 떠나는 이유 중 35%가 '교회의 부정적 요인과 목회자 및 사역자들의 세상적 타락 때문'이라는 조

---

16 박용규, 『한국기독교회사』(서울: 생명의말씀사, 2006), 791.

사 결과가 있다.[17] 현재 교회에 출석하지 않는 기독교인은 23%에 이르고 있으며, 특히 19~34세 연령층의 가나안 청년 성도 비율이 증가해 한국 교회의 위기를 더욱 반영하고 있다.

교회의 현실을 나타내는 주요 지표는 다음과 같다:

1. 개신교 교인 중 23%가 교회에 출석하지 않는 가나안 성도로, 그 비율은 점차 증가하고 있다.
2. 교회를 떠난 이유 중 35%가 교회의 부정적 요인과 목회자나 사역자의 문제를 꼽고 있다.
3. 교회를 이탈한 후, 가정예배(57%)나 혼자 예배(41%)를 드리는 경우가 많다.
4. 교인들이 출석하고 싶은 교회로는 '신앙과 행함이 올바른 목회자가 있는 교회'라는 의견이 46%로 가장 높다.
5. 한국 교회에 대해 사회적 책임과 목회자의 언행일치를 요구하는 목소리가 강하다.

---

17 목회데이타연구소. 주간리포트, no.11, 2023.

표 2 교회를 떠난 이유 분석

열1 : 구속받기 싫어서
열2 : 목회자에 대한 부정적 이미지
열3 : 교인들의 배타적이고, 이기적 태도
열4 : 시간적 여유가 부족

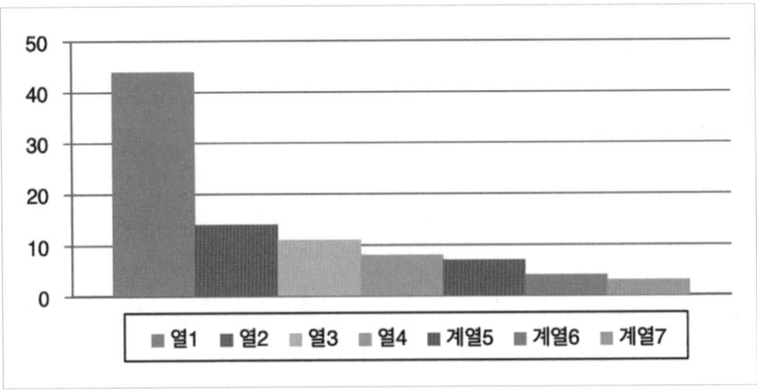

교인들이 교회를 떠난 이유를 분석하면, 교회의 부정적 요인과 목회자 및 사역자의 문제로 인한 비율이 35%에 이른다. 구체적인 원인은 다음과 같다:

1. 온라인 예배도 교회 공동체와 같다는 생각을 가진 교인이 82%에 달한다.
2. 온라인으로 교회 모임을 대체하는 사례가 증가하고 있다.
3. 기독교와 관련된 궁금증을 목회자보다 온라인 검색을 통해 해결한다.
4. 신앙교육, 성경공부, 전도 등도 온라인을 활용하는 사례가 늘고 있다.

5. 개신교인 중 71%는 미래의 디지털 교회에 대한 긍정적인 인식을 가지고 있다.

이처럼 한국 교회는 성도 수 감소, 성도들의 의식 변화, 대체 예배 형식 증가, AI 기술 확산 등 복합적인 요인으로 인해 새로운 도전에 직면하고 있다. 이러한 변화와 생태계의 변동은 목회 환경 전반에 영향을 미치며, 교회의 새로운 패러다임 전환을 요구하고 있다.

한국 교회의 현실과 위기를 깊이 이해하고, 변화 중 핵심적인 쟁점을 중심으로 논의함으로써 교회는 새로운 방향성을 모색해야 한다. 이는 교회의 본질적 기능을 유지하면서도 현대적 요구에 부응하는 신앙적 대응책을 마련하는 데 초점을 맞추어야 한다.

4. 교회 인구 생태계의 변화

데일리 굿 뉴스(Daily Good News)[18]에서 2022년에 발표된 연령별 종교 분포에 따르면, 20대와 30대 청년 세대 중 종교인이 개

---

18 www.goodnews.com.2023.8.8.

신교인일 비율이 각각 20대는 58%, 30대는 60%로 나타났으며, 이는 20대 교인이 5년 만에 절반으로 감소한 결과를 보여준다.

표 3 기독교 인구 변화(2030세대)

열1 : 2004년
열2 : 2012년
열3 : 2017년

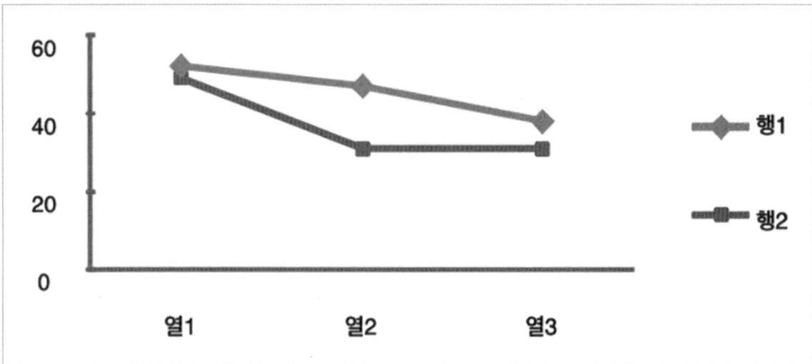

한국교회의 연령별 구조는 역삼각형 형태로, 젊은 층은 감소하고 중장년층이 주를 이루며,[19] 농어촌 교회의 경우 60대 이상의 교인이 89%를 차지하는 등 고령화 현상이 두드러지고 있다.[20] 이러한 인구 구조 변화와 더불어, 코로나19 이후 면대면

19 한국기독공보, (2016), mhdata.or.kr.자료.

20 목회데이타연구소, "코로나19이후 한국 개신교인의 온라인 신앙생활", 2022.

예배의 축소에 따라 주로 젊은 층 중심의 '온라인 교회 공동체'가 형성되고 있는 것도 교회 인구 생태계의 변화를 보여주는 사례다.

기아대책과 목회데이터 연구소(2022)가 개신교 성도를 대상으로 실시한 온라인 예배 의식 조사에 따르면, 응답자의 82%가 온라인 예배에서도 교회 공동체의 일원으로 인식하고 있으며, 많은 성도들이 온라인 예배에 익숙해져 있는 것으로 나타났다.

2018년 8월 한 언론 매체(CNN)가 현대인이 교회를 가는 이유[21]와 가지 않는 이유[22]를 설문조사한 결과는 다음과 같다.

교회에 출석하는 이유

1. 하나님과 가까워지기 위해 (81%)
2. 자녀들이 도덕적 토대 위에 자라게 하기 위해 (69%)
3. 더 나은 사람이 되고 싶어서 (68%)
4. 슬픔과 고난의 때에 안식을 얻고 싶어서 (66%)
5. 좋은 설교를 듣기 위해서 (59%)

---

21 전대경, "4차 산업혁명 시대에 AI목사의 가능성과 그 문제", 「조직신학연구」32 (2019): 14-15.

22 Daniel Burke, "10 Reasons Amerians go to Church and 9 Reasons they don't," CNN (August 10, 2018).

6. 신앙 공동체의 일원이 되기 위해서 (57%)
7. 가족의 신앙 전통을 잇기 위해서 (37%)
8. 그냥 가야 할 것 같아서 (31%)
9. 새로운 사람들과 교제하기 위해서 (19%)
10. 가족의 평화를 위해서 (16%)

교회에 가지 않는 이유

1. 교회에 꼭 가지 않고도 신앙을 지킬 수 있다고 생각해서 (37%)
2. 믿지 않기 때문에 (28%)
3. 특별한 이유 없이 (26%)
4. 근처에 마음에 드는 교회가 없어서 (23%)
5. 설교가 마음에 들지 않아서 (18%)
6. 사람이 불편하게 만들어서 (14%)
7. 시간이 없어서 (12%)
8. 거동이 불편해서 (9%)
9. 주변에 교회가 없어서 (7%)

우리나라의 경우, 교회를 떠나는 이유는 '하나님을 믿지 않거나 하나님에 대한 불만'보다는 '목회자나 교회 공동체에 대한 불만'이 더 크다. 목회자의 물질적, 윤리적 타락, 대형 교회의 세습,

화려하고 사치스러운 생활, 그리고 교회 헌금의 유용 등 여러 요인이 지적되고 있다.[23] 이러한 이유들로 인해 한국교회는 신뢰를 잃고 있으며, 이로 인해 출석 교인뿐만 아니라 일반 사회에서도 교회가 거듭나야 한다는 요구가 높아지고 있다.

한국교회는 1900년대 초 믿음의 선조들의 대부흥운동과 일제 강점기의 어려움을 이겨내며 성장해 왔다. 그러나 2000년을 기점으로 인구 감소, 고령화, AI 시대의 도래, 탈종교화 등 여러 사회적 변화와 더불어 교회 세습, 목회자의 세속화, 비도덕적 행태 등으로 인해 교회는 본질적 사명을 감당하지 못하고 흔들리고 있다.

특히 성장주의에 대한 집착은 교회의 본질과 목적을 훼손하는 주요 원인으로 작용한다.[24] 교회는 기업이나 사회 조직과 달리 거룩한 공동체로, 물질적 풍요나 세속적 성공보다 신앙의 충성과 하나님의 말씀을 중심으로 한 삶을 지향해야 한다. 교회의 본질은 세상의 빛과 소금이 되는 역할을 감당하며, 순례자 공동체로서 거룩한 삶을 살아가야 한다는 점을 잊지 말아야 한다.

오늘날 한국교회의 현실은 성도 감소와 청년층의 교회 이탈, 예배와 설교 형식의 변화, AI 기술 확산에 따른 비대면 예배 증

---

23 안오순, 『제4차 산업혁명 시대의 청중에게 적실한 상호협력적 설교』, 16-18.

24 이명구, "한국교회에 영향을 미친 성장주의에 대한 극복방안연구" 「기독교철학」9 (2009): 61.

가 등의 복합적 요인으로 위기를 맞고 있다. 교회는 이러한 위기를 극복하기 위해 본질을 회복하고, 세상에 빛과 소금의 역할을 다하는 교회로 거듭나야 한다.

제3절

AI 시대의 신학적 논점

앞서 다양한 관점에서 논의하였듯이, AI 시대는 인공지능 기술이 목회환경에 직간접적으로 영향을 미치며 변화를 가져오고 있다. AI 시대의 핵심 기술은 인공지능이며, 그 진화된 형태로서 Chat GPT가 대표적인 예다. 이러한 기술은 메타버스와 같은 형태로 목회 현장에 접목될 수 있다. 메타버스는 증강현실(AR), 가상현실(VR), 라이브킹(Lifeking), 거울 세계(Mirror World) 등의 기술을 융합하거나 접목하여 시간, 공간, 그리고 현실을 초월하는 새로운 차원의 사역 가능성을 제시한다.

AI 시대의 기술은 시간 개념을 초월하여 과거와 현재, 미래를 연결하고, 공간을 초월하며, 현실과 가상현실을 접목하여 현실 세계를 초월하는 특성을 지닌다. 이러한 기술적 특성은 신학적으로 중요한 이슈를 제기한다. 특히, AI 기술은 빅데이터를 기반으로 하기 때문에 빅데이터를 통제하는 그룹이나 개인, 혹은 국가가 하나님의 천지창조의 진리와 성경 말씀에 반하는 적그리스도의 역할을 수행할 수 있다는 염려가 제기된다. 따라서 AI와 관련된 신학적 논점 중 가장 중요한 이슈는 마지막 때의 현상이라는 관점에서 적그리스도와 예수 재림의 관점으로 AI를 바라보는 것이다.

"다니엘아, 마지막 때까지 이 말을 간수하고 이 글을 봉합하라. 많은 사람이 빨리 왕래하며 지식이 더하리라."라는 다니엘서 12장 4절의 말씀에 비추어 AI 시대의 기술 발전이 마지막 때의 징후라는 주장도 있다. 또한, 요한계시록 13장 17절 말씀, "누구든지 이 표를 가진 자 외에는 매매를 못 하게 하니 이 표는 곧 짐승의 이름이나 그 이름의 수라"라는 기록에 따라, AI의 홍채 인식, 지문 인식, AI ID 등의 기술이 마지막 때의 현상이라는 해석도 있다. 이러한 견해는 AI 기술이 인간의 자유와 신앙적 선택을 제한할 가능성을 염려한다.

히브리서 10장 25절의 말씀, "모이기를 폐하는 어떤 사람들의 습관과 같이 하지 말고 오직 권하여 그날이 가까움을 볼수록 더욱 그리하자"는 말씀은 AI 시대에서도 믿음과 공동체성을 유지하며 신앙의 본질로 돌아가야 함을 강조한다. 이는 실천 신학적 관점에서, 기술의 발전 속에서도 신앙의 본질을 잃지 않고, 하나님을 중심으로 세상을 이겨야 한다는 권고와 맞닿아 있다.

1. 교회의 본질적 기능과 AI 논점

교회의 본질적 기능을 논할 때, 목회자의 역할과 설교 등 목회 행위에 대한 고려가 필수적이다. 이 점에서 중요한 것은 AI 로봇 목사나 AI 설교는 인간인 목회자의 영성과 본질적으로 다르다는 것이다. 교회의 본질적 기능에 비추어 보았을 때, 영성이 없고 하나님이 없는 기계의 역할은 콘텐츠의 내용이나 형식에 상관없이 교회의 본질적 기능에서 벗어난 것으로 간주될 수 있다.

칼빈의 『기독교 강요』(IV, 3, 11-16)에서 교회의 박사와 목사의 자격으로 제시된 소명(내적, 외적), 은사(성령의 능력), 학식(가르침과 상담), 경건(도덕적 삶과 겸소함)은 모두 영성과 연결된다.[25] 이러한 자격은 인간 목회자의 고유한 특성으로, 인공지능에서 요구할 수 없다. 소명을 받기 위해서는 훌륭한 인격과 뜨거운 신앙이 필요하며, 성령과의 하나 됨 또한 필수적이다. 비록 기술적으로 그러한 특성을 모방하는 프로그래밍은 가능할지라도, 진정한 영성과 성령의 역사 없이 이는 단순한 기능적 모방에 불과하다.

교회의 본질적 기능을 논하기 위해서는 교회의 표지에 대한 논의가 필요하다. 종교개혁자들은 교회의 표지를 말씀 선포와 성례로 정의했으며, 개혁주의 교회에서는 여기에 권징을 추가

---

25 Calvin, Institutes of The Christian Religion, 323-326.

했다. 칼빈은 『기독교 강요』에서 올바른 말씀 선포와 성례의 거행을 교회의 표지로 보았다.[26] 이러한 표지는 교회의 정체성을 유지하고, 신앙 공동체의 본질을 강화하는 핵심 요소로 간주된다.

AI 목회자는 설교나 성례의 기능적 역할을 수행할 수 있을지 모르지만, 인격적이고 영적인 관계에서 이루어지는 권징이나 영적 돌봄은 불가능하다. AI는 단순히 입력된 데이터를 기반으로 작동하며, 성령과의 교통이나 영적 통찰을 제공할 수 없다. 따라서, AI 목회자는 교회의 본질적 기능을 온전히 수행할 수 없으며, 교회의 본질과 기능을 왜곡할 위험이 있다.

결론적으로, AI의 활용은 교회의 본질적 기능을 지원하는 도구로 사용될 수 있으나, 인간 목회자의 역할을 대체할 수는 없다. 교회의 본질적 기능은 하나님과의 교통, 성령의 역사, 그리고 신앙 공동체 내에서 이루어지는 인간적인 관계와 영적 돌봄에 기초하며, 이러한 본질은 AI가 수행할 수 없는 영역에 속한다.

---

26 진지훈, "칼빈의 성경 주석을 통해서 본 교회의 본질에 대한 칼빈의 이해", 「갱신과 부흥」 21/1 (2020).

제4장

AI 시대와 목회자의 역할 변화

제1절

목회자의 책임과 목회 현실

1. 목회자의 역할 변화에 관한 성경적 가르침

AI 시대에 목회자의 역할 변화와 관련하여 성경이 가르치는 핵심 내용을 고찰하는 것은 중요하다. 아래는 목회자의 역할과 신앙 공동체에서의 책임을 보여주는 주요 성경 구절들이다.

[설교자의 역할]

- **디모데후서 4:2**

  "너는 말씀을 전파하라. 때를 얻든지 못 얻든지 항상 힘쓰라. 범사에 오래 참음과 가르침으로 경책하며 권면하라"

- **히브리서 13:17**

  "너희를 인도하는 자들에게 순종하고 복종하라. 그들은

너희 영혼을 위하여 경청하는 자들이다"

[신앙의 역할]

- **에베소서 4:11-12**

  "그가 어떤 사람은 사도로, 어떤 사람은 선지자로, 어떤 사람은 복음 전하는 자로, 어떤 사람은 목사와 교사로 삼으셨으니, 이는 성도를 온전하게 하여 봉사의 일을 하게 하고 그리스도의 몸을 세우려 하심이라"

- **로마서 12:4-5**

  "우리가 한 몸에 많은 지체를 가졌으나, 모든 지체가 같은 기능을 가지지 아니한 것 같이, 우리 많은 사람이 그리스도 안에서 하나이며 서로 지체가 되느니라"

이 성경의 가르침들은 설교자의 역할과 신앙 공동체에서 각 성도들의 역할이 어떻게 서로 연결되어 있는지를 보여준다. 설교자는 하나님의 말씀을 전파하고, 성도는 그 말씀에 따라 살아가며 공동체를 세우는 역할을 한다는 의미이다.

- **로마서 10:14-15**

  "그러면 그들이 믿지 않는 이를 어찌 부르리요? 듣지도 못한 이를 어찌 믿으리요? 전파하는 자가 없이 어찌 듣겠느냐? 기록된 바, 좋은 소식을 전하는 자들의 발이 어찌 그리 아름다운가 하는 것과 같으니라"

- **디모데후서 2:15**

  "너는 진리의 말씀을 올바로 분별하여 취급하는 자로 인정 받도록 힘쓰라"

- **베드로전서 4:11**

  "누구든지 말하려거든 하나님의 말씀을 하는 것 같이 하고, 누구든지 봉사하려거든 하나님이 주신 힘으로 하는 것 같이 하라. 이는 모든 일에 예수 그리스도로 말미암아 하나님께 영광이 있게 하려 함이라"

- **사도행전 20:27**

  "이는 내가 꺼리지 않고 하나님의 뜻을 다 여러분에게 전하였음이라"

이 성경 구절들은 하나님 말씀을 전파하고 가르치는 중요성을 강조하며, 성도들이 말씀에 따라 살아가도록 하는 역할을 보여준다.

신앙의 격려와 관련된 성경 구절은 다음과 같다.

- **히브리서 10:24-25**

  "서로를 돌아보아 사랑과 선한 일을 격려하며, 모이기를 폐하는 일이 없이 오직 권면하고, 그 날이 가까운 것을 보고 더욱 그리하자"

- **고린도후서 1:3-4**

  "우리 주 예수 그리스도의 아버지 하나님, 긍휼의 아버지, 모든 위로의 하나님은 찬송을 받으실지어다. 그가 우리의 모든 환난 중에서 우리를 위로하사, 우리로 하여금 하나님께 받은 위로로서 모든 환난 중에 있는 자들을 위로하게 하시는 이시로다"

- **갈라디아서 6:2**

  "서로의 짐을 지라. 그리하여 그리스도의 법을 성취하라"

- **로마서 15:5-6**

  "인내와 위로의 하나님이 너희로 하여금 그리스도 예수안에서 마음을 같이 하여 서로를 받게 하시기를 원하노라. 이는 너희가 한 마음과 한 입으로 하나님 아버지인 우리 주 예수 그리스도를 찬송하게 하려 함이라"

- **빌립보서 4:13**

  "내게 능력 주시는 자 안에서 내가 모든 것을 할 수 있느니라"

이 성경 구절들은 성도들이 서로를 격려하고 위로하며, 신앙의 길에서 함께 나아가도록 돕는 중요성을 강조한다.

목회자 및 설교자의 역할에서 기도와 중재는 매우 중요한 부분을 차지한다. 다음은 그 역할에 대한 설명이다.

첫째, 기도의 중요성 강조

기도의 필요성 전달: 목회자는 청중에게 기도의 중요성을 강조하며, 하나님과의 관계를 깊게 하는 방법으로 기도를 소개하는 역할을 수행한다.

기도의 모델 제시: 기도의 모범을 보여주며, 개인적인 기도와 공동체 기도의 필요성을 설명한다.

둘째, 중재자로서의 역할

성도들을 위한 기도: 목회자는 교인들을 위해 기도하며, 그들의 필요와 고통을 하나님께 아뢰는 중재자의 역할을 수행한다. 이는 성경에서도 강조되는 부분이다(야고보서 5:16).

영적 싸움에서의 중재: 영적 전투에서 성도들을 위해 기도함으로써, 그들이 직면한 어려움과 유혹에 대한 중재 역할을 한다.

셋째, 공동체 기도의 촉진

기도 모임 인도: 목회자는 교회 내 기도 모임이나 특별 기도를 인도하여, 성도들이 함께 기도하는 문화를 조성한다.

기도 요청의 수집과 전달: 교인들의 기도 제목을 수집하고, 이를 공동체와 나누어 함께 기도하도록 독려한다.

넷째, 신앙 성장의 도구

기도를 통한 신앙 성장: 목회자는 기도가 성도들의 신앙을 성장시키고, 하나님과의 관계를 더욱 깊게 할 수 있는 도구임을 가르친다.

기도의 응답과 간증: 기도의 응답을 나누고 간증함으로써 성도들이 기도의 힘을 경험하고 믿음을 더욱 강화할 수 있도록 돕는다.

다섯째, 하나님과의 연결 유지

목회자의 설교와 기도의 연계: 설교하는 내용과 기도를 연결하여, 말씀을 통해 얻은 지혜와 깨달음을 기도로 이어가는 방법을 제시한다.

이러한 역할을 통해 목회자는 성도들이 하나님과의 관계를 깊이 있게 하고, 공동체의 영적 성장을 촉진하는 데 기여한다. 변화를 촉구하는 목회자의 역할과 관련된 성경 구절은 다음과 같다.

- **로마서 12:2**

  "너희는 이 세대를 본받지 말고 오직 마음을 새롭게 함으로 변화를 받아 하나님의 선하시고 기뻐하시고 온전하신 뜻이 무엇인지 분별하도록 하라"
- **고린도후서 5:17**

  "그런즉 누구든지 그리스도 안에 있으면 새로운 피조물이

라. 이전 것은 지나갔으니 보라, 새것이 되었도다"

- **에베소서 4:22-24**

  "너희는 유혹의 욕심을 따라 썩어져 가는 구습을 벗어버리고, 오직 너희의 심령이 새롭게 되어 하나님을 따라 의와 진리의 거룩함으로 지으심을 받은 새 사람을 입으라"

- **디모데후서 3:16-17**

  "모든 성경은 하나님의 감동으로 된 것으로 교훈과 책망과 바르게 함과 의로 교육하기에 유익하니, 이는 하나님의 사람으로 온전하게 하여 모든 선한 일을 행할 능력을 갖추게 하려 함이라"

- **야고보서 1:22**

  "너희는 말씀을 행하는 자가 되고, 듣기만 하여 자신을 속이는 자가 되지 말라"

위의 성경구절들은 설교자가 성도들에게 변화를 촉구하고, 하나님의 뜻에 따라 살아가도록 이끄는 역할을 잘 보여준 성경의 가르침이다. 목회자는 하나님의 말씀을 통해 성도들의 마음과 삶에 변화를 일으키는 중요한 사명을 가지고 있기 때문이다.

2. 목회자의 역할 변화

2.1. 영성과 기도와 성령의 능력

목회자는 영성과 기도, 성령의 능력이 없으면 목회를 온전히 수행할 수 없다. 목회자는 성경의 저자이신 하나님께 온전히 의지하며 사역해야 한다. AI 시대의 목회환경이 변화하는 가운데, AI를 단순한 도구나 비서로 활용하여 복음을 짧은 시간에 더 많은 사람들에게 효과적으로 전할 가능성을 모색하는 것도 필요하다. 그러나 이를 통해서도 본질적인 영성과 신앙의 깊이를 유지하는 것이 중요하다.

2.2. 정보 제공자로서의 변화

전통적으로 목회자는 성경과 신앙적 지식을 전달하는 역할을 수행해 왔다. 그러나 AI 기술의 발전으로 인해 성도들은 언제 어디서나 신앙 정보를 쉽게 얻을 수 있게 되었다. 이에 따라 목회자는 단순한 정보 제공자의 역할에서 벗어나, 성도들이 얻는 정보를 신학적 관점에서 해석하고 신앙생활에 올바르게 적용하도록 돕는 역할로 변화해야 한다.

2.3. 개인화된 신앙 지도의 중요성

AI는 성도 개개인의 영적 상태와 신앙 수준, 그리고 필요를 분석하여 맞춤형 신앙 지도를 제공할 수 있다. 이와 같은 환경에서 목회자는 성도들과의 개인적 관계를 더욱 강화하고, 각자의 상황에 맞춘 세심한 신앙 지도를 제공해야 한다. 이는 목회자가 단순히 기술을 활용하는 것을 넘어, 성도들의 영적 성장을 돕고 공동체 안에서 그리스도 안에서 성숙해지도록 지원하는 핵심 역할이다.

2.4. 기술 활용 능력의 필요성

AI와 같은 첨단 기술을 이해하고 활용하는 능력은 현대 목회자의 필수적인 자질로 자리 잡아가고 있다. 목회자는 AI를 활용하여 신앙교육, 상담, 공동체 형성 등의 사역을 보다 효과적으로 수행할 수 있어야 한다. 이러한 기술 활용은 성도들에게 더 나은 목회적 서비스를 제공하는 데 기여하며, 목회자가 변화하는 환경에 적응하도록 돕는다.

2.5. 윤리적 지도자로서의 역할

AI 기술의 발전은 다양한 윤리적 쟁점을 동반한다. 목회자는 이러한 윤리적 문제를 깊이 이해하고, 성도들에게 올바른 판단을 내릴 수 있도록 돕는 윤리적 지도자로서의 역할을 수행해야 한다. 김상균 교수는 인류의 역사를 살펴볼 때 직업 환경과 역할이 변화해 왔음을 지적하며, AI 시대에도 새로운 직업군과 변화된 환경에 적응하는 것이 중요하다고 강조한다. 마찬가지로, 목회자는 성도들이 AI 기술을 책임감 있게 사용하며 윤리적 딜레마를 극복할 수 있도록 지침을 제공하고, 신앙적 가치와 삶의 방향성을 제시하는 데 중심적인 역할을 해야 한다.

3. 목회자의 책임

3.1. 신뢰성 유지

AI 기술의 도입으로 성도들은 다양한 정보에 손쉽게 접근할 수 있게 되었지만, 그 정보의 신뢰성을 판단하는 일은 여전히 중요하다. 목회자는 신뢰할 수 있는 정보와 지식을 성도들에게 제공하며 신뢰를 유지해야 한다. 이를 위해 철저한 검증과 연구를 통해 성경적이고 신앙에 기반한 내용을 전달해야 한다. 변화하는 AI 시대 속에서도 목회자와 성도 모두가 올바른 방향성을 가지고 살아가도록 돕는 것이 필요하며, AI를 적절히 활용해 복음 전파와 목회 활동의 효율성을 높여야 한다.

3.2. 감정적 지지와 공감[1]

AI는 현재 감정적 교감과 공감 능력에서 한계를 지니고 있다. 이러한 점은 목회자의 중요한 역할을 더욱 부각시킨다. 미래에는 기술이 발전하면서 인간의 감정적 부분에까지 영향을 미칠 가능성도 있지만, 이는 기계가 인간을 조종하고 지배할 수 있다는 디스토피아적 우려를 낳기도 한다. 목회자는 성도들과의 감정적 유대감을 형성하고, 그들의 어려움을 이해하며 지지하는 역할을 지속적으로 수행해야 한다. 이를 통해 성도들은 목회자를 통해 영적 안식과 정서적 안정감을 얻고, 신앙생활을 더욱 견고히 할 수 있다.

3.3. 영적 지도력 유지[2]

AI 기술이 발전하더라도 목회자의 영적 지도력은 대체될 수 없는 중요한 역할로 남아 있다. 목회자는 성도들에게 영적 지도를 제공하며, 신앙생활을 올바르게 이끌어야 한다. 이는 단순히 정보 제공에 그치지 않고, 성경의 가르침에 따라 성도들의 삶을

---

1 김철수, "AI시대의 종교적 변화", 27(4)「신앙과 학문」, (신앙과학연구소, 2022): 57-58.

2 이영희, "인공지능과 종교 가능성과 한계", 2023), (종교학 논집): 33-34.

변화시키고 영적 성장을 돕는 사명을 포함한다. 목회자의 영적 지도력은 기술로 대체될 수 없는 하나님과의 깊은 관계에서 비롯된다는 점에서 더욱 중요하다.

3.4. 지속적인 학습과 발전[3]

AI 시대의 빠른 변화 속에서 목회자도 지속적인 학습과 발전을 통해 변화된 환경에 적응해야 한다. 목회자는 새로운 기술과 신앙적 논점을 이해하고 이를 성도들에게 효과적으로 전달할 수 있어야 한다. 이를 위해 끊임없이 학습하며 최신 정보를 습득하는 것이 필수적이다. AI를 포함한 새로운 도구들을 목회사역에 적절히 활용함으로써 성도들에게 더 나은 목회적 도움을 제공할 수 있다.

위에서 언급한 바와 같이, AI 시대의 목회자는 단순한 정보 제공자에서 벗어나 개인화된 신앙 지도, 기술 활용, 윤리적 지도 등의 다양한 역할 변화를 겪고 있다. 이러한 역할 변화는 목회자의 책임을 신뢰성 유지, 감정적 지지, 영적 지도력 유지, 지속적인 학습과 발전으로 확대시키고 있다.

목회자의 책무는 성도들이 예수님을 영접하고 믿음을 통해

---

3 박민수, "빅데이터와 신앙: 개인화된 신앙지도의 새로운 가능성",「현대신학연구」 2021.

변화를 경험하며, 하나님의 형상으로 빚어진 존재로서 성화를 이루도록 돕는 데 있다. 이는 단순히 외적인 변화가 아니라, 내면의 근본적인 변화를 통해 성도들이 하나님 나라의 백성으로 자리 잡도록 이끄는 것이다.

사도 바울은 에베소에서 3년 동안 눈물과 겸손으로 주님을 섬기며 말씀을 전파한 사역을 통해 성도들의 회개와 믿음을 촉구했다(행 20:19). 바울의 사역은 성도들이 하나님께로 돌아오도록 하는 데 목적이 있었다. AI 시대의 목회자 역시 이러한 본질적 사명을 잊지 않고, 성도들의 삶이 말씀 안에서 변화되고 성화의 과정을 거칠 수 있도록 역할을 다해야 한다.[4]

결론적으로, 목회자의 변화와 책임은 AI 시대의 환경 변화 속에서도 본질적으로 변하지 않는다. 목회자는 설교와 목회활동을 통해 성도들이 하나님께 순종하고 가치관과 성품, 행동에 이르기까지 진정한 변화를 경험하도록 돕는 사명을 감당해야 한다.[5] AI 시대의 새로운 도구와 환경을 활용하되, 본질적인 목회 사역의 중심은 하나님과 성경에 뿌리를 두어야 한다.

---

4 Don Kisler, 조계광 옮김. 「(최고의 개혁신학자들이 말하는)설교개혁」, (서울: 생명의 말씀사, 2023) 51.

5 이우제, "삶을 변화시키는 요한계시록 설교를 위한 고찰: 목회자, 신학자, 시인으로서의 설교자의 정체성을 중심으로", 「복음과 실천신학」 41 (2016): 172.

4. 한국교회의 현실과 과제

AI 시대를 맞이한 교회는 다양한 변화와 특성을 보이고 있다. 다음은 AI 기술과 디지털 환경이 교회에 가져온 주요 변화를 정리한 내용이다.

- **디지털 전환**

  교회는 온라인 예배, 가상 성경 공부, 소셜 미디어 활용 등 디지털 플랫폼을 통해 성도들과 소통하고 있다. 이는 시간과 공간의 제약을 극복하여 보다 유연한 신앙생활을 가능하게 한다.

- **데이터 기반의 의사결정**

  교회는 성도들의 참여도와 선호도를 분석하여 프로그램과 활동을 조정하고, 보다 효율적인 운영을 위해 데이터를 활용하고 있다. 이를 통해 성도들의 필요를 더 잘 이해하고 반영할 수 있다.

- **포용성과 접근성 강화**

  AI와 디지털 기술을 통해 다양한 배경을 가진 사람들에게 접근할 수 있는 기회를 제공한다. 장애인, 외국인, 다양한 문화적 배경을 가진 사람들이 포함될 수 있는 기회가 확대된다.

- **윤리적 교육과 논의**

  AI와 관련된 윤리적 문제에 대해 교회가 적극적으로 논의하고, 성도들에게 기독교적 관점에서 가르침을 제공한다. 이를 통해 기술 발전의 윤리적 영향을 고민하고 대안을 모색하도록 돕는다.

- **신앙 공동체의 재구성**

  온라인과 오프라인 상호작용을 통해 성도들 간의 관계가 더욱 강화되고, 새로운 형태의 공동체가 형성되어 신앙의 유대감을 더욱 깊게 할 수 있다.

이러한 변화들은 AI 시대의 요구에 부응하며 교회가 신앙생활을 더욱 풍부하게 만드는 데 기여하고, 기술과 신앙이 조화를 이루는 새로운 패러다임을 탐구할 수 있는 기회를 제공한다.

AI 시대를 살아가는 성도들은 AI 문화와 가치 속에서 다양한 변화를 겪으며 신앙생활에도 새로운 특성을 보이고 있다.

다음은 그 주요 특징들이다.

- **정보의 접근성**

  성도들은 다양한 신앙 자료와 교육 콘텐츠에 쉽게 접근할 수 있게 되었으며, 성경 연구와 영적 성장에 유용한 자원들을 적극적으로 활용하고 있다.

- **디지털 신앙생활**

  성도들은 온라인 예배, 성경 공부, 기도 모임 등을 통해 신앙생활을 이어가고 있다. 소셜 미디어와 신앙 관련 앱을 통해 신앙 자원을 쉽게 접근하고 공유하고 있다.

- **개인화된 신앙 경험**

  AI와 데이터 분석 기술을 통해 개인의 필요와 관심에 맞춘 신앙 자료와 프로그램이 제공되며, 성도들은 자신만의 신앙 여정을 깊이 있게 탐구할 수 있다.

- **윤리적 인식의 강화**

  AI와 관련된 윤리적 문제에 대한 관심이 증가하면서, 성도들은 기술 발전이 신앙에 미치는 영향을 고민하고 기독교적 관점에서 윤리적 대안을 모색하는 태도를 보이고 있다.

- **커뮤니티 중심의 신앙**

  온라인과 오프라인에서 더 많은 사람들과 연결되고, 서로의 신앙생활을 지지하는 공동체 형성이 활발해지고 있다. 이러한 상호작용은 성도들 간의 유대감을 더욱 깊게 한다.

이러한 변화는 성도들이 AI 시대에서 신앙을 실천하고 발전시키는 다양한 방식을 보여준다. 이는 신앙생활의 형태와 방식이 점점 더 다양해지고 있음을 의미한다.

한국교회는 지난 수십 년간 급격한 성장과 변화를 경험했지만, 최근 들어 영향력과 신뢰도 감소라는 도전에 직면하고 있다. 이는 성도 수의 감소, 예배 방식의 변화, 디지털 환경에 대한 적응, 교회 지도층의 도덕적 문제 등 여러 요인에 기인한다.

- **현실적 도전**
  - 한국교회의 전통적 영향력 약화와 성도들의 교회 이탈 증가
  - AI와 디지털 기술의 확산에 따른 신앙생활 방식의 변화
  - 윤리적 문제와 도덕적 기준에 대한 교회의 신뢰도 하락
- **미래적 과제**
  - 기술과 신앙의 조화를 통해 디지털 시대에 적합한 신앙 모델 개발
  - 성도들의 영적 성장과 윤리적 기준 강화를 위한 목회적 전략 모색
  - 변화하는 신앙 공동체에 맞는 포용적이고 접근성 높은 목회 방안 마련

AI 시대를 맞이한 한국교회는 이러한 변화와 도전에 적극적으로 대응하며, 미래를 위한 새로운 방향성을 모색해야 한다.

4.1. 한국교회의 현실

A. 교회의 양적 성장과 질적 쇠퇴

한국교회는 지난 몇십 년간 양적으로는 괄목할 만한 성장을 이루었다. 수많은 교회가 세워졌고, 성도 수 또한 크게 증가하였다. 그러나 이러한 양적 성장에도 불구하고, 교회의 질적 쇠퇴는

지속적으로 문제로 지적되고 있다. 성도들의 신앙생활이 형식화되고, 교회의 본질적인 사명인 영적 지도와 사회적 책임이 약화되면서 교회의 신뢰도가 감소하고 성도 수가 급격히 줄어들고 있는 상황이다.

B. 신뢰도 하락과 이미지 문제

최근 한국교회는 여러 스캔들과 부패 사건으로 인해 신뢰도가 크게 하락하였다. 일부 교회 지도자들의 도덕적 해이, 재정 문제, 그리고 교회 내 권력 다툼이 언론을 통해 폭로되면서 교회에 대한 부정적인 이미지가 확산되고 있다. 특히 목회자의 세속화와 타락 문제는 오랜 기간 동안 반복적으로 지적되어 온 문제이며, 교회 내 성추행, 이단적 영적 학대, 재정 문제 등 다양한 사건이 사회적 비난을 받고 있다. 이러한 문제는 교회가 사회에서 긍정적인 역할을 수행하는 데 큰 걸림돌이 되고 있다.

C. 세대 간 갈등과 젊은 세대의 이탈

한국교회는 세대 간 갈등 문제에 직면하고 있다. 전통적인 예배 방식과 교회 문화가 젊은 세대의 관심을 끌지 못하고 있으며, 이로 인해 많은 젊은이들이 교회를 떠나고 있다. 교회는 새로운 세대와 효과적으로 소통하지 못하고 있으며, 이를 해결하기 위한 적극적인 노력이 필요한 시점이다.

D. 사회적 책임과 역할의 부족

교회는 사회적 책임을 다하고, 지역사회와의 관계를 강화해야 할 필요가 있다. 그러나 많은 교회가 내부 문제에 지나치게 몰두하면서, 사회적 책임과 봉사를 소홀히 하고 있는 현실이다. 이는 교회가 사회적으로 고립되는 결과를 초래하고 있으며, 교회의 본질적인 사명인 사랑과 봉사의 정신을 구현하는 데 큰 어려움을 야기하고 있다.

AI 시대에 각 세대는 기술과 신앙에 대한 접근 방식에서 뚜렷한 차이를 보이고 있다.

세대별 특성을 다음과 같이 정리할 수 있다.

A. 베이비붐 세대 (1946-1964)

- AI 인식: 기술 변화에 적응이 느리고, AI에 대한 이해도가 낮다. 전통적인 가치관을 중시하며, 기술을 신뢰하는 데 조심스러운 태도를 보인다.
- 신앙: 전통적인 신앙 관습을 고수하며, 교회 활동에 적극적으로 참여한다. 신앙의 중요성을 강조하지만 AI 기술 변화에는 경계심을 갖는다.

B. X세대 (1965-1980)

- AI 인식: 기술 변화에 대한 이해도가 높아지고, AI를 업무와 일상에 활용하는 데 익숙하다. AI의 잠재력에 대해

긍정적인 태도를 가진다.

- 신앙: 개인적인 신앙 경험을 중시하며, 교회와의 관계 또한 개인화되고 있다. 디지털 기술을 통해 신앙 자료에 접근하는 비중이 점점 증가하고 있다.

C. **밀레니얼 세대** (1981-1996)

- AI 인식: 소셜 미디어와 온라인 플랫폼을 적극적으로 활용하며, AI를 자연스럽게 받아들인다. AI의 장점과 위험을 동시에 인식한다.
- 신앙: 개인화와 다양성을 중시하며, 전통적인 교회보다는 온라인 신앙 공동체에 더 많이 참여한다. 기술과 신앙의 융합을 적극적으로 추구하는 특징을 보인다.

D. **Z세대** (1997-2012)

- AI 인식: 디지털 네이티브로서 AI와 함께 성장하였으며, 기술에 대한 이해도가 매우 높다. AI를 일상적으로 사용하는 데 거리낌이 없다.
- 신앙: 신앙의 접근 방식이 다양하며, 전통적인 신앙 외에도 대안적 신앙 체계를 탐구한다. 윤리적 문제에 대한 관심이 크며, 온라인 기반 신앙 공동체에 활발히 참여한다.

E. 알파 세대 (2013년 이후)

- AI 인식: AI와 함께 성장한 세대로, 기술을 매우 자연스럽게 받아들이며 AI가 생활의 모든 부분에 통합된 환경에 익숙하다.
- 신앙: 신앙의 형태와 경험이 다양화될 가능성이 크며, 기술과 결합된 새로운 형태의 신앙생활을 추구할 것으로 기대된다.

AI 시대는 세대별로 신앙의 양상과 기술에 대한 태도에 차이를 만들어내고 있다. 각 세대는 AI와 신앙을 다르게 받아들이고 적용하며, 이를 통해 새로운 신앙의 형태와 공동체를 형성하고 있다. 이러한 세대 간 차이를 인식하고, 교회가 각 세대에 맞는 목회 전략을 마련하는 것이 중요하다.

4.2. 한국교회의 과제

A. 신뢰 회복과 투명성 강화

한국교회는 신뢰를 회복하기 위해 재정 운영의 투명성과 지도자들의 도덕적 책무를 강화해야 한다. 교회는 성도들과 사회의 신뢰를 얻기 위해 내부 감시 체계를 강화하고, 외부 전문가의 자문을 적극 활용하며, 목회자 및 사역자들의 세속화와 세상적 일탈을 방지하기 위한 체계적인 노력을 기울여야 한다.

B. 질적 성장과 신앙교육 강화

한국교회는 양적 성장에 집중하기보다는 성도들의 신앙의 질적 성장을 지원해야 한다. 이를 위해 성도들이 신앙을 통해 삶의 의미와 가치를 발견할 수 있도록 돕는 심층적이고 체계적인 신앙교육 프로그램이 필요하다. 깊이 있는 신앙교육은 성도들이 믿음 안에서 더 나은 삶을 살아가도록 돕는 교회의 본질적 역할을 수행하는 데 필수적이다.

C. 세대 간 소통과 젊은 세대의 참여 증대

세대 간 소통의 부족과 젊은 세대의 교회 이탈은 한국교회의 중요한 과제 중 하나다. 교회는 젊은 세대가 교회에서 자신의 목소리를 낼 수 있는 환경을 조성하고, 그들의 관심사와 필요를 반영한 프로그램을 제공함으로써 세대 간의 간극을 좁혀야 한다. 이를 통해 모든 세대가 함께 신앙 공동체 안에서 성장하고 화합할 수 있는 토대를 마련해야 한다.

D. 사회적 책임과 봉사 강화

한국교회는 지역사회와의 관계를 강화하고, 신앙적이고 도덕적이며 사회적 책임을 다해야 한다. 지역사회의 필요를 파악하고, 이를 해결하기 위한 봉사와 나눔의 활동을 통해 교회는 사회 문제 해결에 기여해야 한다. 이를 통해 교회는 긍정적인 사회적 역할을 수행하며, 하나님 나라의 사랑과 정의를 실천하는 데 앞장서야 한다.

AI 시대의 교회는 이러한 과제 외에도 디지털 기술의 발전으로 인해 새로운 기회와 도전에 직면하고 있다.

AI 기술과 디지털화는 교회가 성도들과 소통하고 사역하는 방식에 큰 변화를 가져왔다.

- 디지털화의 진전: 온라인 예배와 디지털 플랫폼은 교회가 공간적 제약을 넘어 더 많은 성도와 연결될 수 있는 기회를 제공하고 있다.
- 정보의 접근성: 성도들이 신앙 자료와 교육 콘텐츠를 온라인에서 손쉽게 접근할 수 있게 되어 개인적인 신앙 성장의 기회가 늘어나고 있다.
- 신앙 공동체의 변화: 전통적인 교회 공동체의 개념이 온라인 커뮤니티를 통해 확장되고, 다양한 배경을 가진 성도들 간의 교류가 활발히 이루어지고 있다.

향후 교회의 변화와 전망은 다음과 같은 방향으로 이루어질 가능성이 크다.

- 기술의 지속적 발전: AI와 디지털 기술이 발전함에 따라 교회의 예배 형식, 교육 방식, 소통 방법이 더 큰 변화를 겪을 것으로 보인다.
- 윤리적 과제: AI와 관련된 윤리적 문제는 교회가 성도들과 함께 논의하고 해결해야 할 주요 사안으로 자리 잡을 것이다.
- 세대 간 갈등 해소: AI 기술을 수용하는 젊은 세대와 전통을 중시하는 세대 간 갈등을 완화하기 위한 노력은 교회의 중요한 역할이 될 것이다.

교회는 이러한 변화와 도전에 대처하기 위해 다음과 같은 전략을 마련해야 한다.

- 디지털 전략 개발: 디지털 플랫폼과 도구를 적극적으로 활용하여 성도들과 소통을 강화하고 신앙교육을 지속적으로 제공해야 한다.
- 윤리적 교육 강화: AI와 기술 발전에 따른 윤리적 문제를 성도들과 논의하고, 기독교적 가치관을 바탕으로 한 올바른 방향성을 제시해야 한다.
- 포용적 공동체 형성: 다양한 배경과 세대가 어우러질 수 있는 포용적인 신앙 공동체를 조성하여 세대 간의 갈등을 완화하고 상호 지지의 환경을 마련해야 한다.

- 신앙의 개인화 지원: 성도 개개인의 신앙적 필요를 충족시키기 위해 맞춤형 신앙 자료와 프로그램을 개발하고 이를 통해 신앙의 깊이를 더할 수 있도록 돕는 노력이 필요하다.

한국교회는 이러한 과제와 도전에 직면하면서도, 교회의 본질적 사명인 하나님 나라의 확장과 영혼 구원이라는 목적을 잃지 않고 나아가야 한다. AI와 디지털 기술은 목회 활동에 있어 유용한 도구로 활용될 수 있지만, 그 본질은 어디까지나 인간 목회자의 영성과 하나님과의 교제를 통해 이루어진다는 점을 인식해야 한다.

제2절

AI와 변화하는 예배

AI 시대의 도래로 본격적인 AI 친화적 예배나 설교는 아직 이뤄지지 않았지만, 다양한 미디어와 기술을 활용한 멀티미디어 형태의 예배와 설교 변화가 진행되고 있다. 메타버스와 가상현실 기술의 도입, 기존 방송 미디어, 유튜브, SNS와 같은 플랫폼을 활용한 예배와 설교 방식이 점차 확대되는 추세이다. 이러한 변화는 완전히 AI 시대에 부합하는 형태의 예배라기보다는 과도기적 형태로 볼 수 있다. 특히, 가상현실 기반의 예배 방식이 도입되면서 교회 현장에서도 새로운 예배 형식과 설교 방식이 점진적으로 자리 잡고 있다.

1. 가상현실(Virtual reality)을 통한 예배

1.1. 가상현실(Virtual reality)

가상세계(Virtual Worlds)와 가상현실(Virtual Reality)은 사용자들이 가상의 환경에 몰입하도록 설계된 시뮬레이션 기술을 활용한다. 고도로 정교화된 3D 그래픽, 아바타(Avatar), 그리고 실시간 커뮤니케이션 도구를 활용하여 사용자가 실제로 가상공간에 존재하는 듯한 경험을 제공한다. 가상현실은 종종 현실의 사물을 덧씌우는 증강현실(Augmented Reality)과 혼합되어 혼합현실(Mixed Reality)의 한 요소로 설명되기도 한다. 이 기술은 인간의 시각 작동 원리를 기반으로 평면 이미지를 입체로 구현하여 몰입감을 극대화한다.

가상현실의 대표적인 특징으로는 다수의 사용자가 동시에 접속할 수 있는 인터넷 기반 3D 공간과 사용자 개개인의 자아를 반영한 아바타 생성이 포함된다.[6] VR 기술은 구현 방식에 따라 다음 세 가지로 구분된다.

---

6 한혜원, "메타버스(Metaverse) 내 가상세계(Virtual Worlds)의 유형 및 발전방향 연구", 「한국디지털콘텐트학회 논문지」9/2 (2008): 317-323.

1. HMD(Head Mounted Display): 사용자 시점을 추적하여 시선 방향에 맞게 그래픽을 조정하여 입체감을 제공한다.
2. CAVE(Cave Automatic Virtual Environment)[7]: 공간의 모든 면에 영상을 투사하여 사용자가 몰입감을 느낄 수 있도록 구성된다.
3. 360도 영상 탐색: 사용자가 360도로 회전하여 가상공간의 다양한 방향과 각도를 탐험할 수 있다.[8]

가상세계와 메타버스의 차이는 주로 기술 적용 여부에서 나타난다. 메타버스에서는 현실과 다른 문화적, 제도적 배경이 설계되며, 사용자는 아바타를 통해 인공지능 캐릭터 및 다른 사용자와 상호작용하면서 가상공간을 탐험할 수 있다. 이와 같은 가상공간에서는 실제 몸을 움직이거나 사물을 만지는 등의 활동도 가능하며, 이러한 환경은 설교자와 성도가 다양한 방식으로 소통하며 설교를 경험할 수 있는 기회를 제공한다.

대표적인 예로, 메타(Meta)의 VR 장치인 오큘러스 퀘스트 2(Oculus Quest 2)는 사용자가 가상세계에 몰입할 수 있도록 돕

---

7 CAVE방식이란, 가상현실 구현의 한 방법으로, 사방의 벽면에 디스플레이나 프로젝터를 이용하여 화면을 구현하는 방식을 말한다.

8 정은진 · 김남회, "직업교육에서 VR, AR 활용 양상과 주요 이슈 분석", (2021)

는 기기이다.[9] 이 기기를 착용하면 사용자는 가상의 교회 플랫폼에 접속하여, 아바타를 통해 가상공간의 나 자신으로 활동할 수 있다. 교회 내부에서는 사람들과 인사를 나누고, 대성전에서 찬양과 설교에 참여하게 된다.

예를 들어, 설교 본문이 히브리서 11장인 경우, 설교자는 가상의 히브리서 11장 방으로 안내하며, 노아, 아브라함, 모세 등 성경 속 인물을 실제로 만나는 듯한 경험을 제공한다. 이때 청중은 성경 말씀을 눈으로 직접 보고, 듣고, 체험하며 설교의 메시지를 깊이 이해할 수 있다.

VR을 활용한 설교는 단순히 관람하는 데 그치지 않는다. 설교자와 성도 간의 상호작용(Interaction Design, IxD)[10]이 가능하며, 성경 속 상황을 가상공간에서 재현함으로써 청중이 성경 말씀을 더 깊이 체험할 수 있도록 돕는다. 이러한 방식은 성경의 난해한 부분이나 교리를 시각적으로 표현하여, 성도들이 쉽게 이해하고 참여할 수 있는 설교 환경을 조성한다.

미디어 변화에 따라 설교 방법도 조정될 수 있다. 장년층을 대상으로 하는 경우, 전통적인 에토스(Ethos) 설교가 효과적이며, 청년층은 감성적인 파토스(Pathos) 설교를 선호한다. 교리를 가

---

9 신 기요시, 「북로그리뷰 VR 비즈니스」 (서울: 한국경제신문사, 2017), 201

10 인터랙션 디자인(interaction design, IxD)은 인간이 기계제품이나 서비스를 사용하면서 교류하는 것을 편리하게 하는 디자인 영역이다.

르칠 때는 로고스(Logos) 설교를 활용하여 상황에 맞게 전달하는 것이 적합하다.

1.2. 가상현실(VR)을 통한 예배

VR 기술을 활용한 예배는 성도들에게 실제 교회에 있는 것 같은 몰입감을 제공한다. 유튜브(YouTube) 플랫폼에서 제공되는 VR 예배 영상은 사용자가 화면을 360도로 회전하여 교회 내부를 살펴볼 수 있는 기능을 포함한다. 이를 통해 설교자, 성도, 예배당의 모든 모습을 생생하게 확인할 수 있다.

이러한 기술은 교회에 출석하지 못하는 성도들에게 실제 예배에 참석하는 듯한 경험을 제공한다. 한 성도는 VR 예배에 대해 "몰입감 있고 생동감 있는 예배를 경험할 수 있었다"며 긍정적인 반응을 보였다. 코로나19 팬데믹을 계기로 온라인 예배가 보편화되면서, 일부 교회들은 VR 기술을 활용해 예배 방식의 변화를 모색하고 있다.

설교 시간 동안 SNS 채팅방을 활용하여 성도들과 실시간으로 소통하거나, 설교 중간에 질문을 던져 성도들의 참여를 유도하는 방식도 시도되고 있다. 이러한 상호작용은 예배의 몰입도를 높이고, 성도들에게 새로운 방식으로 신앙을 체험할 기회를 제공한다.

VR을 통한 예배는 성도들이 단순히 설교를 듣는 것을 넘어 예배에 적극적으로 참여하도록 돕는 효과를 발휘하며, 새로운 형태의 예배 문화로 자리 잡아가고 있다.

2. AI 형태의 예배와 성도의 참여

전통적인 목회의 패러다임은 "어떻게 복음을 전할 것인가?"라는 질문에 초점이 맞춰져 있었다. 이러한 접근은 주로 대중매체를 활용한 소통 방식을 기반으로 발전해 왔다. 대중매체는 복음을 효과적으로 전달하기 위해 교회가 더 많은 인력과 자원, 기술을 필요로 한다는 점에서 오랜 기간 동안 중요한 도구로 여겨져 왔다. 그러나 이 과정에서 많은 교회가 사역 자체보다 성도 수의 확대, 재정 확보, 교회 건축 등을 우선순위로 삼는 모습을 보였다.

과거 대중매체를 활용한 시스템은 권위 있는 미디어를 통해 복음을 전파하며 긍정적인 영향을 미쳤다. 그러나 이러한 접근 방식에는 중요한 한계가 있다. 가장 큰 문제는 플랫폼을 유지하고 운영하는 데 들어가는 높은 비용이다. 방송 수준의 체계를 구축하고 유지하려면 많은 자원이 소요되며, 이는 사역 본연의 목적을 훼손하는 결과를 초래할 수 있다. 오늘날 많은 교회가 실제 사역보다는 건물 유지와 인력 관리에 더 많은 재정을 할애하고 있다는 점은 이러한 문제를 여실히 보여준다.

코로나19 팬데믹 이후, 목회 패러다임은 "어떻게 복음을 전할 것인가?"에서 "어떻게 성도들을 복음에 참여시킬 것인가?"로 변화하고 있다. 소셜미디어와 디지털 플랫폼이 대중화되면서 새로운 형태의 복음 전파 방식이 요구되고 있다. 전통적인 방식과는 달리, 오늘날의 플랫폼은 쌍방향 소통과 참여를 강조하며, 성도들이 예배와 설교에 적극적으로 공감하고 참여할 수 있는 환경을 제공한다. 더 나아가 메타버스와 같은 초연결 기술은 시간과 공간의 제약을 넘어선 커뮤니케이션을 가능하게 하고 있다.

이러한 변화 속에서 복음의 핵심은 교회 건축이나 물리적 상징이 아닌 콘텐츠, 즉 복음 자체가 되어야 한다. 예를 들어, 성만찬과 같은 전통적 의식이 디지털 플랫폼을 통해 재해석되어 성도들이 복음의 메시지를 직접 경험할 수 있도록 돕는 방식이 대두되고 있다. 성도들은 복음의 메시지를 '듣는' 데 그치지 않고, '만지고', '느끼고', '참여'하며 그리스도의 살과 피를 나누는 경험을 할 수 있다.

설교의 형태 또한 변화하고 있다. 대예배 설교는 은혜를 전하는 단방향의 전통적 방식으로 유지될 수 있지만, 오후 예배는 보다 상호작용적인 나눔의 시간으로 전환되고 있다. 예를 들어, 설교 중간에 성도들에게 카카오톡과 같은 디지털 채널을 통해 질문을 제출하도록 유도하고, 설교자가 실시간으로 몇 가지 질문과 의견을 읽고 나누는 방식이다. 이를 통해 성도들은 단순히 설교를 듣는 수동적인 역할을 넘어 설교의 일원이 되고, 공감과 소통을 통해 설교에 적극적으로 참여하게 된다.

이러한 플랫폼 기반 설교 방식은 작은 교회들에게도 새로운 가능성을 열어주고 있다. 과거 대형 교회만이 누리던 자원을 소규모 교회들도 활용할 수 있는 환경이 조성된 것이다. 대형화를 지향하지 않아도 복음의 메시지를 효과적으로 전달할 수 있는 새로운 운영 체계를 통해, 교회는 사명을 충실히 수행할 수 있다. 참여 예배는 단순히 성도들에게 권장되는 것이 아니라, 성도들의 실질적인 참여를 중심으로 설계된다. 예배 참석자들을 위한 안내서와 단체 메시지 방을 통해 지속적으로 소통하고 소속감을 부여함으로써, 비대면 시대에도 성도들이 직접 참여하는 기회를 제공할 수 있다. 이러한 설교 방식은 단순한 정보 전달을 넘어, 성도들의 적극적인 신앙생활을 도모하는 새로운 패러다임이라 할 수 있다.

3. AI 시대와 가정 예배

한국 교회의 현실과 위기를 논하면서 MZ세대와 가나안 성도에 대해 언급한 바 있다. 2010년 이후 확산되기 시작한 가나안 성도는 코로나 팬데믹을 거치며 그 수가 더욱 증가하였으며, 이들은 교회 출석 대신 AI와 연관된 새로운 매체를 활용하여 예배를 드리고 있다. 이에 따라 교회 역시 이들을 포함한 비기독교인들을 대상으로 다중매체와 미디어 친화적 예배를 도입하는 움직임을 보이고 있다. 특히, 교회에 출석하지 않는 성도들과 잠재적 성도들에게 AI 시대에 중요한 예배 형태로 주목받는 것이 바로 가정예배이다.

목회데이타 연구소의 통계에 따르면, 가정예배는 점차 증가하는 추세이며, 가정예배를 드리는 성도의 비율은 약 20%로 나타나고 있다. 이는 AI 기술의 확산과 다양한 매체의 활용이 가정예배의 증가를 가져오고 있음을 시사하며, 동시에 교회 출석 성도의 감소와도 연결되어 있다. 이러한 맥락에서 가정예배는 AI 시대에 교회 예배의 대안적 형태로 주목할 필요가 있다.

그림 4 지난 한 달간 가족과 함께한 신앙 활동(2인 가구 이상 응답자, %)[11]

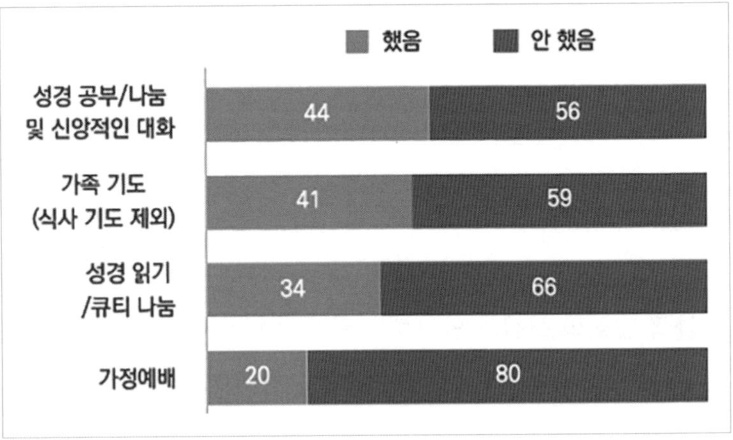

11 목회데이타 연구소, "개신교인의 신앙 계승 실태", 「넘버즈」 231.

코로나 팬데믹 이후 기독교 공동체는 여러 어려움을 겪었으며, 온라인 예배나 가정예배와 같은 대체 예배(Alternative Worship)가 확대되었다. 그러나 가정예배의 중요성에도 불구하고, 이를 어떻게 실천해야 하는지에 대한 합의된 지침은 부족한 상황이다. 성경이 말하는 가정의 신학적 의미, 기독교 공동체로서의 가정의 목적, 그리고 신앙을 함양하기 위한 실천적 방안에 대해 고민이 필요하다.

성경에 따르면, 하나님께서 아담을 지으신 후 혼자 있는 것이 좋지 않아 돕는 배필로 여자를 지으시고, 그 둘이 가정을 이루도록 명령하셨다. 이때부터 가정은 기독교 공동체로서의 의미를 지닌 기본 단위가 되었다. 현대 사회에서 비대면 예배의 증가와 함께 가정예배는 가정의 화합과 신앙 함양을 돕는 중요한 형태로 인식되고 있다. 가정예배는 신앙을 통해 가족 간의 사랑을 증진시키며, 삶 속에서 직면하는 어려움과 역경을 극복하는 데 안정감을 준다. 이를 통해 가정은 건강한 기독교 공동체로서 하나님 나라를 이루는 데 기여할 수 있다.

가정은 가족 구성원이 함께 생활하며 생계, 양육, 교육, 정서적 지원 등을 제공하는 생활 공동체이다. 과거에는 혈연을 기반으로 한 가족의 개념이 강했으나, 현대에는 입양 가정 등 다양한 형태의 가족이 증가하며, 가정의 의미도 확대되고 있다. 그러나 현대 사회에서는 정서적 안정감을 주어야 할 가정이 갈등과 상처의 원인이 되는 경우도 많다. 결혼 대신 동거를 선택하거나 이혼률이 증가하는 현상은 현대 가정이 직면한 위기를 보여준다. 가족 해체를 우려하는 시각과 더불어, 가족의 형태가 다양화되고 재구조화되고 있다는 주장도 존재한다.

기독교적 관점에서, 가정은 단순히 혈연으로 이루어진 공동체가 아니라 언약 관계로 이해될 수 있다. 성경에서 하나님과 이스라엘 백성의 관계는 언약에 기초하며, 이는 가족 관계를 신학적으로 해석하는 중요한 표본이 된다. 하나님께서 아브라함과 맺으신 언약과 같은 관계는 일방적 헌신과 무조건적 사랑을 기반으로 한다. 하지만 이러한 언약 관계는 양방향의 참여와 순종을 통해 성장할 수 있다.[12] 가족 구성원 간의 언약 관계도 마찬가지로, 서로의 헌신과 사랑에 반응하여 성숙한 관계로 나아가야 한다.

가정예배는 이러한 언약 관계를 강화하고, 가족 구성원이 신앙을 통해 정서적 안정감을 얻을 수 있도록 돕는다.[13] 볼스윅 부부는 『크리스천 가정』에서 건강한 신학적 언약 관계를 이루기 위한 네 가지 요소를 제시한다.[14]

---

12 Balswick, Jack O. and Judith K Balswick. Family, A Christian Perspective on the Contemporary Home, 『크리스천 가정』 황성철 역(서울 : 도서출판 두란노, 1996), 17.

13 Balswick and Balswick, 『크리스천 가정』, 17.

14 Balswick and Balswick, 『크리스천 가정』, 17.

1. 서로 사랑하고 사랑받는 관계(To Love and Be Loved): 무조건적인 헌신을 기반으로 한 사랑.[15]
2. 서로 용서하고 용서받는 관계(To Forgive and Be Forgiven): 용서를 통해 관계를 회복.[16]
3. 서로 섬기고 섬김받는 관계(To Serve and Be Served): 섬김의 마음으로 관계를 돌봄.[17]
4. 서로 알고 알려지는 관계(To Know and Be Known): 진솔한 소통과 이해를 통한 관계 심화.[18]

이 네 가지 요소는 가정예배를 통해 실현될 수 있으며, 가정 내에서 신앙적 결속을 강화하는 데 기여한다. 가정예배는 성경적 진리를 일상 속에서 실천하게 하고, 가족 구성원이 다양한 위기를 마주할 때 성경의 말씀을 의지하도록 돕는다. 이를 통해 신앙의 깊이가 더해지고, 건강한 하나님 나라를 이루는 기초가 마련된다.

AI 시대에 가정예배의 증가는 전통적 예배 참석자 감소와 밀접하게 연관되어 있으며, 이는 오늘날의 신앙생활 패러다임에

15 Balswick and Balswick, 『크리스천 가정』, 17.
16 Balswick and Balswick, 『크리스천 가정』, 26.
17 Balswick and Balswick, 『크리스천 가정』, 28.
18 Balswick and Balswick, 『크리스천 가정』, 33.

중요한 변화를 시사한다. 하나님은 어디서나 임재하시며 가정은 하나님이 주인이 되시는 곳이라는 점에서, 가정예배를 전통적 교회 예배와 연계하는 방안 또한 고민해야 할 시점이다.

제3절

AI와 목회 윤리

1. AI와 목회 윤리

목회는 하나님의 부르심에 따라 사역을 감당하는 목회자를 중심으로 이루어지며, 이는 하나님의 기업이자 그분의 섭리와 말씀에 기초한 활동이다. 목회자들은 소명을 받은 자로서, 4차 산업혁명 시대의 빠른 환경 변화 속에서도 청중, 목회환경, 설교와 예배의 본질 등에 대한 도전에 직면하고 있다.

특히 디지털 환경에서 성장한 MZ세대와 알파 세대, 그리고 교회 밖에서 새로운 형태의 신앙생활을 이어가는 가나안 성도

군, 더불어 초고령화 사회의 실버 세대[19] 등 다양한 세대의 특성과 변화에 대한 이해는 목회자들에게 필수적이다. 더불어 Chat GPT와 같은 인공지능(AI)의 발전은 빅데이터 기술과 결합하여 새로운 AI 시대를 열고 있으며, 이는 목회환경에도 점차 깊은 영향을 미치고 있다.

AI 설교의 가능성과 한계, AI 문화와 이슈, 그리고 이를 활용한 긍정적·부정적 관점이 혼재된 현재 상황은 교회와 목회자가 AI와의 관계를 정리해야 할 필요성을 시사한다. AI는 인간에게 허락된 일반 은총의 일부로,[20] 인류의 발전과 삶의 질 향상에 기여할 수 있는 도구로 활용될 수 있다. 그러나 AI 시대에도 교회는 창조주 하나님을 경배하며, 예배와 설교를 통해 예수 그리스도의 복음과 하나님의 사랑을 선포해야 한다.

오늘날 사회, 문화, 경제, 산업 전반에서 AI는 다양한 방식으로 활용되고 있으며, 신학 분야 역시 AI 친화적 현상을 직면하고 있다. 그러나 신학적 관점에서는 AI를 단순한 기술적 현상으로 보지 않고, 하나님의 형상대로 창조된 인간과 그로부터 파생

19 실버세대(Grey Generation)는 조심스러운 개념이지만 실버세대는 교회 출석 성도들의 비율이 높고 목회 활동에서 교회 인구생태계의 변화와 직결된다는 점에서 중요한 교회 구성원이다.

20 이성민, "인공지능 시대의 예배와 설교", 「신학과 세계」99 (2020): 251-285.

된 피조물로 이해한다.[21] 초지능 AI가 인간의 지능을 초월할 경우, 인간이 이를 지배하지 못하고 오히려 지배당할 수 있다는 우려도 제기되고 있다.

이와 같은 맥락에서 AI의 활용은 윤리적 문제를 수반한다. 기독교적 관점에서, 하나님께서 인간에게 주신 자유의지와 피조물로서의 AI 간의 역할과 관계는 윤리적 논의의 중요한 영역이다. AI는 생명 없는 기계라는 점에서 창조된 인간과는 본질적으로 다르지만, 일부 신학자들은 이를 '생명 없는 피조물'로 간주하며 하나님께 응답할 가능성을 논의하기도 한다.[22] 그러나 인간과 AI의 관계는 인간의 선택적 판단에 의존하며, AI가 특정 목적을 위해 악용될 경우 심각한 윤리적 문제를 초래할 수 있다.

AI를 정치적 통제 수단이나 개인의 사생활 침해 도구로 활용할 경우, 이는 특정 이데올로기의 확산과 지배 수단이 될 수 있다. 이러한 점에서 AI가 악용될 경우 'AI형 사단의 역사'라는 극

---

21 Beth Singler, "An Introduction to Artificial Intelligence and Religion For the Religious Studies Scholar", *Implicit Religion*, 20/3 20 (2017): 226.

22 Alan Bernard Mcgill, "The Robot's Redemption: the Role of Artificial Intelligence in the Salvation of the Cosmos", *Science & Christian Belief*, 32/1 (2020), 40-42.

단적 가능성도 배제할 수 없다.[23]

따라서 AI 시대의 윤리적 이슈는 인간의 삶 전반에 걸친 AI 활용과 그 한계에 대한 심도 있는 논의를 요구한다. 기독교적 관점에서는 AI 시대에 '하나님께서 주시는 영의 지식'이 더욱 중요하게 요구되며, AI 친화적 예배와 설교, 목회환경 변화에 따른 목회자의 역할을 재정립해야 할 시점이다.

AI 설교와 AI 목사의 증가는 하나님의 계시의 말씀을 전하기보다, 단순히 빅데이터에 의존한 정보 전달에 그칠 가능성이 크다. 이 점에서 목회자는 하나님의 뜻에 따라 주체적으로 AI를 활용하며, AI를 보조 도구로 삼아 설교와 예배를 드리는 데 집중해야 한다. 시대의 변화 속에서도 목회자의 중심적 역할은 말씀 사역에 있다. 설교는 하나님이 말씀을 통해 성도를 양육하고 교회를 세우는 핵심적인 수단이므로, AI 시대에도 이를 중심에 두어야 한다.

다음과 같은 방식을 통해 목회자는 AI 시대에도 윤리적이고 효과적인 설교를 수행할 수 있다.

---

23 AI형 사단의 역사'는 인공지능을 활용하여 하나님의 공의와 권세 그리고 사랑을 훼손하며 대적하는 의미이다. 심지어는 AI를 활용한 사이버 종교탄생도 가능할 수 있다. 이러한 예는 데반도브스키(Levandowsic)의 인공지능을 기반으로 하는 종교단체(2015, 9월 설립, 'Way of the Future')나 데이터 종교(dataism) 같은 것을 들 수 있다.

1. AI가 생성한 설교 자료는 무비판적으로 활용하지 않고, 철저한 검증과정을 통해 진실성과 신뢰성을 확보해야 한다.
2. AI를 독립적 인식 주체로 볼 수 있을지에 대한 신학적 판단과 윤리적 기준이 필요하다.
3. AI를 활용해 설교문을 완성할 경우, 생성 과정을 투명하게 공개해야 한다.
4. AI 의존성을 최소화하고, 목회자의 신학적 통찰과 삶이 반영된 설교를 지향해야 한다.
5. 데이터 편향성을 주의하며, 개인정보와 사회적 이슈에 대한 윤리적 판단을 병행해야 한다.
6. 설교자는 AI를 단순 도구로 활용하며, 목회자로서의 책임과 선택을 중심에 두어야 한다.

이우제는 설교를 "하나님 나라에 기초한 대안적 음성을 드러내는 사역"으로 정의하며,[24] AI 시대에도 설교자는 성경 본문을 깊이 연구하고, 청중의 신앙적 요구에 부합하는 메시지를 선포함으로써 그 본질적 역할을 다해야 한다고 강조한다. AI 시대의 목회자는 기술적 도구에 의존하기보다 하나님의 말씀과 성령의 인도하심에 의지하여 성도들의 신앙을 이끌어야 한다.

---

24 이우제, "가정과 세상에서의 그리스도인의 삶을 위한 바른 가르침 – 디도스 2~3장. 주해와 설교적 착상", 「유관순 연구」 9 (2006), 88.

2. Chat GPT와 목회자의 자세

2.1. 목회자의 역할과 자세: 성경중심

4차 산업혁명의 중심 기술인 인공지능(AI)은 이 시대에 큰 변화를 이끌고 있으며, 특히 대화형 인공지능 서비스인 Chat GPT의 등장은 목회 분야에서도 주목받고 있다. 현재 2024년 4월에 출시된 Chat GPT-4o(옴니)가 최신 버전이지만, 향후 더 발전된 기술이 등장하여 초지능적 기능을 발휘할 가능성이 높다. 특히 양자 물리학 기반의 양자 컴퓨터가 본격적으로 도입될 경우, AI는 속도와 내용 면에서 인간의 상상을 초월하며, 5차 산업혁명으로의 전환을 이끄는 중요한 역할을 할 것으로 예상된다. 이는 사회 전반과 산업 생태계뿐 아니라 종교, 예술, 과학, 의료, 법, 정치 등 모든 영역에서 대전환을 가져올 것이며, 그 중심에 Chat GPT가 위치할 가능성도 있다. 이러한 기술적 변화 속에서 기독교 또한 예외가 될 수 없으며, 목회자들 역시 새로운 환경에 대한 준비와 이해가 요구된다.

2.2. Chat GPT 활용과 목회자의 자세

Chat GPT가 앞으로 우리의 삶에 끼칠 영향에 대한 기대는 높다. 한 연구에 따르면, 국민 10명 중 8명이 AI 기술이 큰 영향을 미칠 것이라 생각하고 있으며,[25] 이는 목회자들도 마찬가지이다. 목회자의 80%가 Chat GPT를 알고 있으며, 그중 47%는 실제 사용 경험이 있다고 조사되었다.[26] 이는 일반 사용자의 Chat GPT 사용 경험 비율(36%)보다 높은 수치로, 목회자들이 이 기술을 설교 준비 도구로 활용하는 데 관심이 높음을 보여준다.[27] 실제로 목회자들의 Chat GPT 활용 목적 중 92%가 설교 자료 수집과 설교문 작성에 집중되고 있다.[28]

Chat GPT가 설교 준비 과정에서 제공하는 편의성과 효율성을 고려할 때, 목회자들은 이를 더욱 적극적으로 활용할 것으로 예견된다. 그러나 이 기술의 가능성과 한계를 정확히 이해하고, 윤리적이고 효과적인 사용을 위한 가이드라인을 마련하는 것

---

25 신효령, "국민 10명 중 8명, Chat GPT 앞으로 우리 삶이 큰 영향 미칠 것", 뉴시스 (2023년 4월 12일).

26 목회데이터연구소, "Chat GPT에 대한 목회자의 인식과 사용 실태 조사 결과 발표", 「넘버즈」186 (2023)를 참조하라.

27 임성국, "Chat GPT 신앙에도 영향 미칠 것", 총회 한국교회 연구원 세미나, 한국 기독 공보 (2023년 4월 12일).

28 김희돈, "Chat GPT 사용 목회자 81%, Chat GPT 결과 신뢰한다." 기독신문 (2023년 4월 5일).

이 중요하다. 김동환은 한국교회가 4차 산업혁명 시대의 변화와 AI 기술에 대한 분별력이 부족하다는 점을 지적하며, 이러한 기술적 변화를 올바르게 인식하는 노력이 필요하다고 강조했다.[29]

목회자들은 Chat GPT를 비롯한 AI 기술을 활용함에 있어 다음과 같은 자세를 가져야 한다.

1) **적극적인 기술 감수성**

AI 기술에 대한 거부감을 줄이고, 변화에 민감하게 반응하며 이를 긍정적으로 수용하는 자세가 필요하다.

2) **문명의 이기로서의 인식**

AI를 하나님께서 인간에게 허락하신 도구로 이해하고, 목회 활동에 유익하게 활용할 방법을 모색해야 한다.

3) **교회의 본질 유지**

AI 시대에도 하나님께 예배하며 그리스도의 복음을 전하는 본질적 사명을 유지하는 자세가 요구된다.

---

29 김동환, "4차 산업혁명 시대를 분별하는 한국교회의 실천 방안", [신학과 저널] 69 (2020): 745-748.

4) 윤리적 접근

AI 설교 활용에 있어 데이터 편향, 표절, 목회자의 책임 약화 등의 윤리적 문제를 신중히 고려해야 한다.

5) 성령 중심의 목회

AI는 인간의 인격과 영성을 대체할 수 없으므로, 성령의 인도하심 아래 목회를 수행하는 중심을 잃지 않아야 한다.

2.3. 목회자의 Chat GPT 경험과 인식

2023년 목회데이터 연구소는 "Chat GPT에 대한 목회자의 인식과 사용 실태"를 조사하여 흥미로운 결과를 발표했다.[30] 이 조사에 따르면, 목회자의 47%가 Chat GPT를 사용해 본 경험이 있으며, 80%는 향후 설교 준비에 Chat GPT가 사용될 가능성을 높게 평가했다. 사용 빈도와 관련해서는 목회자들이 한 달 평균 605회 Chat GPT를 활용하고 있으며, 한 달에 10회 이상 사용한다고 답한 비율도 27%에 이른다. 또한, Chat GPT의 결과에 대해 신뢰한다고 답한 비율도 81%에 달했다.

---

30 목회데이터연구소, "Chat GPT에 대한 목회자의 인식과 사용 실태 조사 결과 발표", 「넘버즈」186 (2023)를 참조하라.

그림 5 Chat GPT 사용 경험률(일반국민과 목회자, 목회자 구분과 연령)

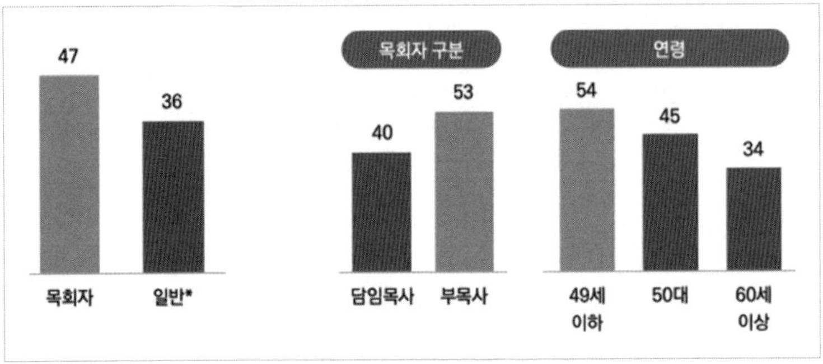

그림 6 Chat GPT 결과 신뢰도(Chat 사용 경험자)[31]

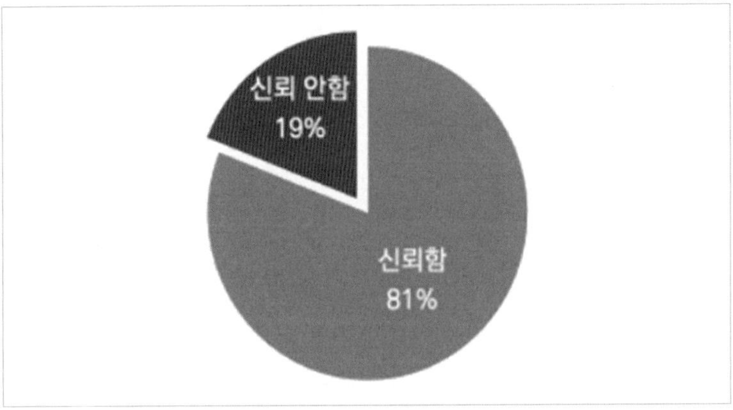

이러한 데이터는 Chat GPT가 목회자들 사이에서 설교 준비와 아이디어 창출, 배경지식 습득에 있어 유용한 도구로 인식되고 있음을 보여준다. 그러나 동시에 Chat GPT가 작성한 설교문

31 목회데이터연구소, "Chat GPT에 대한 목회자의 인식과 사용 실태 조사 결과 발표", 「넘버즈」186 (2023)를 참조하라.

에 대한 만족도는 낮은 편이며, 이를 설교 준비에 사용하는 것에 대해 윤리적 논란이 있을 수 있다는 의견도 확인되었다.

목회자들은 Chat GPT의 설교 준비 활용에 대해 긍정적인 가능성을 인식하면서도 몇 가지 제한점을 분명히 인식하고 있다. 예를 들어, Chat GPT는 편의성과 빠른 정보 제공이라는 장점이 있지만, 신앙의 깊은 철학적 통찰과 종교적 지도력, 성도 개개인의 신앙 경험을 온전히 대체하지 못한다는 점에서 한계를 가지고 있다.

이러한 상황은 교회와 목회자들의 AI 기술에 대한 태도가 변화하고 있음을 시사한다. Chat GPT를 비롯한 인공지능 기술이 목회환경에 점차 통합됨에 따라, 목회자들은 새로운 기술의 가능성을 수용하는 동시에 신앙적 본질과 윤리적 고려를 함께 논의해야 할 필요가 있다.

그림 7 목회자들의 인공지능 역할 전망[32]

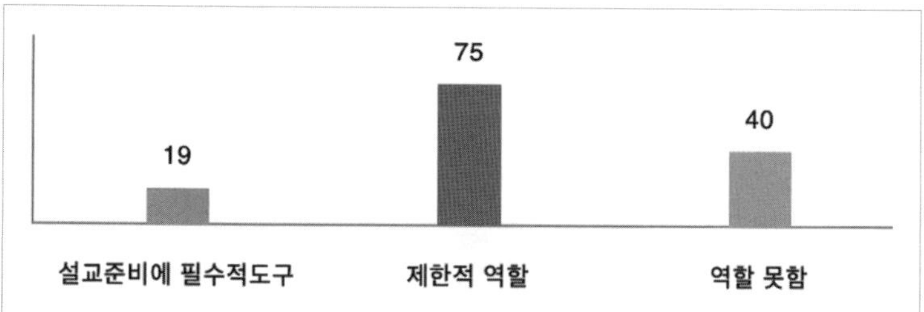

32 목회데이터연구소, "Chat GPT에 대한 목회자의 인식과 사용 실태 조사 결과 발표", 「넘버즈」186 (2023)를 참조하라.

특히, Chat GPT를 경험한 목회자들은 인공지능의 편리함을 인식하면서도 인간적인 지혜와 영적 깊이를 결합한 접근이 여전히 필요하다는 점을 강조한다. 이는 Chat GPT가 교회와 성도의 신앙생활에서 보조적인 도구로 활용될 수는 있지만, 인간 목회자가 제공하는 독창적이고 영적인 지도력은 대체될 수 없다는 것을 보여준다.

제4절

AI와 목회 상담

1. 목회 상담 이해

1.1. 인간 이해와 기독교 상담 이해

현대 기독교 신학에서 중요한 특징 중 하나는 인간 이해와 변화 과정을 통전적으로 접근하는 관점이다. 통전적 관점은 인간을 다각도로 이해하고, 인간이 완전한 존재가 아니라 다양한 국면을 가진 존재임을 인식하는 것이다. 이 점에서 인본주의와 기독교적 관점은 일치하지 않는다. 기독교 상담은 창조, 타락, 구속의 관점에서 인간 실존을 통전적으로 이해하며, 영과 육체, 정신의 구조적 통합을 강조한다. 또한 하나님, 자신, 이웃, 자연과의 관계 속에서 인간을 이해하고, 과거, 현재, 미래라는 시간적

관점에서 하나님의 주권과 관련해 인간을 조망하는 이론적 기반을 가지고 있다.[33]

필자는 목회 활동 중 많은 상담 경험을 했으며, 기독교 상담학 교수로 재직한 이후에도 심리상담, 기독교 상담, 성경적 상담을 지속해왔다. 현재 상담센터에서 전문상담사로 활동하면서 내담자들이 내면의 상처를 치유받고 삶에서 회복을 경험하는 과정을 지켜보며, 예수 그리스도가 인간 문제의 궁극적 해결자임을 고백하지 않을 수 없었다.

오늘날 많은 인본주의적 학문을 배경으로 활동하는 정신과 의사나 심리상담가들 역시 그리스도 중심의 상담(Christ-centered counseling)에 관심을 보이고 있다. 무엇보다 예수 그리스도는 위대한 상담자로, 인간의 모든 문제를 해결할 수 있는 능력을 가지신 분임을 성경은 명확히 증언하고 있다. 그러나 현대 사회는 여전히 육체적 만족을 우선시하며, 인간의 내면은 죄성으로 인해 본질적으로 변화되지 못하고 있다. 이는 하나님의 법을 떠난 세속적 가치관과 삶의 결과이다.

전형준 교수는 그의 저서 성경적 상담에서 하나님을 떠난 사람들은 죄성으로 인해 불안, 염려, 의심, 불평, 불만 등을 경험하며 잘못된 집착 속에서 살아간다고 지적한다. 그는 죄가 사단의

---

33 최창국, 『크리스천 카운슬링』, (서울: 기독교 문서 선교회, 2006), 3-5.

무기이며, 미움, 분노, 우울증, 열등감, 죄책감을 초래한다고 설명하며, 마음의 상태가 인간의 삶에 매우 중요함을 강조한다. 성경에서도 '만물보다 거짓되고 심히 부패한 것은 마음이라 누가 능히 이를 알리요마는'(렘 17:9)이라고 경고하고 있다.

그림 8 교회 출석 청년들이 요즘 교회에 대해 느끼는 감정('매우+그런편' 비율*%)[34]

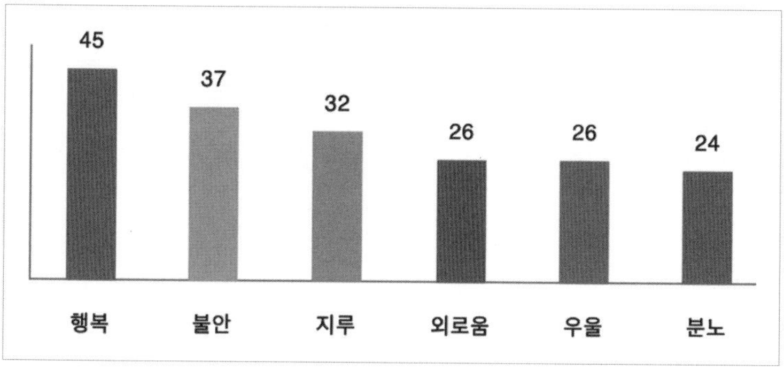

한국 기독교 사회문제연구원의 2023년 조사에 따르면, 한국교회 출석 청년의 37%가 불안을 경험하고 있다고 보고되었다. 이는 현대 기독 청년들이 실존적 삶에서 경험하는 불안을 교회가 영적 답변으로 해결할 필요성을 보여준다. 삶과 신앙은 분리된 것이 아니며, 성경 중심의 기독교 상담을 통해 이러한 문제에 접근해야 한다는 지적은 매우 시사적이다.

---

34 한국 기독교 사회문제 연구원, 2023.

기독교 상담은 성도들이 다양한 문제로 인해 겪는 고통을 신앙적으로 다루어 회복과 소망을 제공하는 데 목적이 있다. 이는 마음 깊이 잠재된 죄를 다루고, 이를 고백하도록 도우며 하나님의 구원을 심어주는 과정이다. 이 과정에서 성령의 인도와 하나님의 말씀, 감사의 태도는 필수적이며, 성경 중심의 상담이 중요하다.

결국 목회 상담과 기독교 상담은 성도들을 온전한 크리스천으로 세우는 데 목적이 있다. 이는 성경의 말씀인 "그런즉 누구든지 그리스도 안에 있으면 새로운 피조물이라 이전 것은 지나갔으니 보라 새것이 되었도다."(고후 5:17)의 목표를 이루는 것이다.

1.2. 목회와 성경적 상담

전형준 교수는 그의 저서 성경적 상담에서 현대 교회가 다양한 사회적, 경제적, 문화적, 심리적, 그리고 정신 병리적 문제로 인해 고통받는 성도들을 점점 더 많이 마주하고 있다고 지적한다. 특히, 우울증으로 인해 자살을 시도하는 일반인뿐 아니라 기독교인들도 증가하고 있는 현실은 교회 내 상담의 중요성을 강조한다. 그러나 많은 경우, 성도들의 고통을 해결하기 위해 전문 상담기관이나 정신의학, 심리학적 접근에 의존하는 사례가 늘어나고 있다는 점도 문제로 언급된다.

전형준 교수는 이러한 상황에서 성경적 상담의 중요성을 강조하며, 기독교인이 심리학이나 정신의학적 접근을 무분별하게 받아들이는 것을 경계한다. 그는 제이 E. 아담스(Jay E. Adams)[35]의 성경적 상담 접근 방식을 지지하며, 성도들의 문제는 성경에 기반한 상담으로 다뤄져야 한다고 주장한다. 아담스는 기독교 상담의 핵심은 창조주 하나님의 말씀에 기반해야 하며, 인본주의적 상담은 죄성에서 기인한 인간의 한계를 극복할 수 없다고 본다. 그는 심리학적 이론과 기술이 교회와 기독교인들에게 적용되는 것을 경계하며, 성경만이 성도들의 문제를 해결할 수 있는 유일한 근거라고 강조한다.

1.3. 성경적 기독교 상담과 원칙

성경적 기독교 상담은 인간 중심의 인본주의 상담이 아닌, 성령님의 도움을 받아 예수 그리스도를 중심으로 진행된다. 성경적 상담은 성령의 가르침과 하나님의 말씀에 기초해 이루어져야 하며, 상담자의 지식이나 의견이 아닌 하나님의 뜻에 따라 이루어져야 한다.

---

35 제이 아담스(Jay E. Adams,1929~)는 1970년 성경적 상담 운동을 시작한 이후, 지난 40여 년 동안 비성경적 심리학 이론을 바탕으로 한 '기독교 심리학'에 맞서 성경의 충분성으로 기독교인들의 삶과 관계의 문제를 도와주는 성경적(권면적)상담학의 창시자이다.

성경적 상담 시 상담자가 지켜야 할 핵심 원칙

1. 하나님의 뜻을 신뢰하며 최선을 다한다.
2. 피상담자가 기쁨과 소망을 가질 수 있도록 돕는다.
3. 하나님을 찬양하며 끊임없이 기도한다.
4. 모든 상담은 하나님의 말씀에 기초한다.
5. 하나님의 주권과 그리스도의 권위를 상담의 중심에 둔다.
6. 피상담자가 문제를 직면하도록 이끈다.
7. 상담자는 해결자가 아니라, 하나님께서 무엇을 하실 수 있는지를 보여준다.
8. 경청에 집중한다.
9. 성경 읽기, 찬송, 필사 등 성경 중심의 과제를 제안해 관계를 형성한다.
10. 성령의 인도를 받으며 기도로 상담을 진행한다.

> "보혜사 곧 아버지께서 내 이름으로 보내실 성령, 그가 너희에게 모든 것을 가르치시고 내가 너희에게 말한 모든 것을 생각나게 하시리라"(요 14:26).

목회 상담의 목표는 성도가 하나님 앞에서 순전하고 온전한 모습으로 설 수 있도록 돕는 데 있다. 이를 위해 목회자는 성경적 상담의 원칙을 실천하며 성령의 도우심을 통해 성도들의 영적 성장을 도와야 한다.

목회 상담자의 필수 요건

1. 구원의 메시지를 제시할 수 있어야 한다.
2. 성령 세례와 물세례의 의미를 가르칠 수 있어야 한다.
3. 성령의 은사와 열매를 설명할 수 있어야 한다.
4. 하나님의 전신갑주를 성도들에게 소개할 수 있어야 한다.
5. 하나님의 왕국을 가르치고 실천하도록 격려한다.
6. 신앙생활의 실천을 통해 성도가 하나님께 헌신하도록 돕는다.
7. 신앙의 승리가 가져오는 축복을 소개한다.
8. 상담자와 피상담자가 하나님의 말씀과 기도를 통해 연결되도록 한다.

> "하나님의 말씀은 살았고 운동력이 있어 좌우에 날 선 어떤 검보다도 예리하여 혼과 영과 및 관절과 골수를 찔러 쪼개기까지 하며, 또 마음의 생각과 뜻을 감찰하나니 지으신 것이 하나라도 그 앞에 나타나지 않음이 없고, 오직 만물이 우리를 상관하시는 자의 눈앞에 벌거벗은 것 같이 드러나느니라"(히 4:12-13).

목회는 인간의 방법이 아닌 하나님의 뜻과 방식에 따라 성도들을 돌보고 이끄는 것이다. 여호와 하나님이야말로 참된 목자이시며, 목회자와 성도 모두가 하나님을 바라보아야 한다.

> "목회자와 성도들은 사람을 바라보지 말고 하나님을 바라보아야 한다. 사람은 늘 당신을 실망시킬 수 있다"(수 24:23).

2. AI 시대의 목회상담 변화

AI 시대가 도래하면서도 신앙교육과 목회상담은 여전히 목회 활동의 핵심 요소로서 중요한 역할을 담당한다. 특히 목회상담은 AI 기술의 발전에 따라 개인 성도들에게 맞춤형 진단과 상담을 제공할 수 있는 가능성을 열었지만, 이는 단순한 기술적 접근을 넘어 목회적 깊이와 영적 통찰이 필요한 영역이다. 신앙교육 역시 데이터 기반의 분석과 AI 기술을 활용한 접근으로 새로운 변화를 모색할 수 있다. 이러한 맥락에서 AI 시대에 신앙교육과 목회상담에서 변화가 필요한 몇 가지 요소는 다음과 같다.

2.1. 신앙교육에서의 변화해야 하는 것

- **디지털 플랫폼 활용**

  온라인 강의, 웹 세미나, 소셜 미디어 등을 통해 신앙교육을 제공하며, 더 많은 청중에게 접근할 수 있는 방안을 마련한다.

- **인터랙티브 학습**

  성도들이 능동적으로 참여할 수 있는 교육 방식을 도입하여, 비대면 환경에서도 효과적인 학습을 가능하게 한다.

- **개인화된 교육**

  AI 기반 분석 도구를 활용하여 개인의 신앙 성장 단계와 필요에 맞춘 맞춤형 교육을 제공한다.

- **멀티미디어 자료 활용**

  비디오, 팟캐스트, 애니메이션 등 다양한 형식을 통해 신앙의 내용을 더 쉽게 전달하고 이해를 돕는다.

- **문화적 감수성**

  다양한 문화적 배경을 고려하여 교육 내용을 조정하고, 포괄적인 접근을 지향한다.

앞서 언급한 변화 요소들은 AI 기술을 활용해 신앙교육의 접근성을 넓히고 효율성을 높일 수 있는 방법들을 제시한다. 그러나 신앙교육의 핵심은 여전히 인간의 감성과 영성, 그리고 하나님의 말씀 중심에 기반해야 한다.

2.2. AI 시대 목회상담에서 변화해야 하는 것

목회상담은 단순히 개인의 신앙문제만 다루는 것이 아니라, 신앙생활과 설교, 그리고 공동체와 연계된 광범위한 영역에서 이루어진다. AI 기술의 도입은 목회상담 방법론에 변화를 가져왔지만, 상담의 본질은 여전히 변하지 않는다. 다음은 AI 시대에 변화가 필요한 목회상담 요소들이다.

- **개별화된 접근**

  AI 기술을 활용하여 성도 개개인의 상황과 필요에 맞춘 개인화된 상담을 진행한다. 비대면 상담과 같은 새로운 방법론을 통해 상담의 범위를 넓힌다.

- **심리적 이해**

  심리학적 접근을 통합하여 신앙적 문제와 심리적 문제를 함께 다루는 방식을 도입한다. 이를 통해 성경적 상담과 기독교 상담이 상호 보완적으로 활용될 수 있다.

- **커뮤니티 중심**

  개인 상담뿐만 아니라 공동체 내의 상호작용을 강조한다. 신앙생활은 개인적 문제 해결뿐 아니라 교회 공동체와의 연계를 통해 더 큰 의미를 가질 수 있다.

AI 기술의 도입으로 목회상담은 다음과 같은 구체적 변화를 경험하고 있다.

- **AI 도구 활용**
  상담 초기 단계에서 AI 기반 진단 도구나 상담 지원 애플리케이션을 사용하여 효과적인 정보를 제공한다.
- **비대면 상담**
  화상 회의 플랫폼 등을 활용하여 거리와 시간의 제약을 극복하고 더 많은 사람들에게 상담 기회를 제공한다.
- **데이터 기반 접근**
  상담자의 경험과 AI 분석을 결합하여 더 효과적인 상담 전략을 개발하고 적용한다.
- **정신 건강 교육**
  현대 사회의 스트레스와 정신 건강 문제를 다루기 위한 상담자의 전문성을 강화한다.
- **온라인 커뮤니티 활용**
  온라인 상담과 커뮤니티를 통해 상담자 간 상호 지원과 교제를 촉진한다.

이러한 변화는 AI 기술이 목회상담의 효율성과 접근성을 높이는 데 기여할 수 있는 방향성을 보여준다. 그러나 목회상담의 본질은 하나님의 사랑과 은혜, 그리고 성경의 진리와 성령의 역사에 기반해야 한다는 점에서, 목회자는 AI 기술의 한계를 인식하고 본질적 가치를 유지할 수 있어야 한다.

AI 시대에도 변하지 않는 목회상담의 핵심 요소는 다음과 같다.

- **하나님의 사랑과 은혜**

  하나님의 변함없는 사랑과 은혜는 상담 과정에서 가장 중요한 기초가 된다.

- **성경의 진리**

  성경은 상담의 원칙과 지침을 제공하며, 모든 문제에 대한 지혜의 근원이 된다.

- **인간의 본성**

  인간의 죄성과 연약함을 이해하는 것은 상담의 본질적 출발점이다.

- **공감과 경청**

  상대방의 감정을 이해하고 지지하는 상담자의 자세는 시대와 관계없이 중요하다.

- **기도의 중요성**

  상담 과정에서 하나님과의 연결을 유지하고 치유와 평안을 가져오는 기도는 필수적이다.

- **변화와 회복의 가능성**

  신앙을 통한 변화와 회복의 가능성을 제시하며 성도들에게 희망을 제공한다.

AI 기술이 목회상담에 도입되더라도, 이러한 본질적 요소는 시대를 초월하여 상담의 중심에 있어야 한다. 목회자는 AI 기술을 활용하되, 하나님의 말씀과 성령의 역사를 중심에 두고 성도들의 삶과 신앙을 도울 수 있는 방법을 모색해야 한다.

3. Chat GPT 목회상담 사례[36]

다음은 Chat GPT를 활용하여 "교회의 출석과 구속 받는 것"이라는 주제를 중심으로 진행된 상담 사례를 기반으로 작성된 예시이다. 이 사례는 교회의 출석이 가지는 신앙적 의미와 성도들이 종교 활동에서 느낄 수 있는 구속감에 대한 고민을 다루며, 이를 해결하기 위해 Chat GPT를 활용하여 접근하고 대안을 모색한 과정을 구체적으로 보여준다.

필자의 질문 1

- 교회에 구속받기 싫어서 교회에 안 가는데 구속받는 게 어떤 부분인건가요?

---

36 Chat GPT에게 한 필자의 질문과 Ghat GPT의 답변의 내용을 그대로 옮긴다.

Chat GPT의 답변 1

- 교회에서의 '구속'이란 단순히 규율과 규범을 지켜야 한다는 부담감을 의미하는 것 같습니다. 하지만 진정한 의미의 교회 생활은 자유와 해방을 주는 것입니다. 예수님께서는 우리를 죄와 죽음의 속박에서 구원하셨기 때문에 우리는 하나님의 자녀로서 자유롭게 살아갈 수 있습니다.

필자의 질문 2

- 교회에서 구속 받지 않기 위해 나는 어떻게 행동해야 하나요?

Chat GPT의 답변 2

- 교회 생활에서 구속받지 않기 위해서는 무엇보다 자신의 신앙을 진솔하게 고민하고 표현하는 것이 중요합니다. 교회 규범을 무조건적으로 따르기보다는 그 의미를 이해하고 자발적으로 실천하려는 자세가 필요합니다. 또한 교회 공동체 안에서 서로를 존중하며 자유롭게 소통할 수 있어야 합니다.

필자의 질문 3

- 교회에서 구속받지 않게 온라인 예배를 드리면 어떨까요?

Chat GPT의 답변 3

- 온라인 예배는 시간과 공간의 제약을 받지 않아 구속감 없이 드릴 수 있습니다. 하지만 온라인으로만 신앙생활을 하게 되면 교회 공동체와의 유대감이 약해질 수 있습니다. 결국 신앙생활에는 개인적인 믿음과 더불어 교회 공동체와의 관계가 중요하므로, 온라인과 오프라인을 적절히 활용하는 것이 좋습니다.

필자의 질문 4

- 구속받는다는 게 어떤 심리 상태를 말하는 건가요?

Chat GPT의 답변 4

- '구속 받는다'는 심리 상태는 자유로운 선택과 행동이 제한되고 있다고 느끼는 것을 말합니다. 이는 교회 내부의 분위기나 분규, 혹은 개인의 신앙관 등에 따라 다양하게 나타날 수 있습니다. 중요한 것은 이러한 구속감을 해소하고 자유로운 신앙생활을 할 수 있도록 노력하는 것입니다.

Chat GPT에게 목회상담과 관련하여 교회에 출석하기 싫은 이유 5가지를 질문해보았다. Chat GPT는 다음 5가지 교회를 나가기 싫은 이유 답변을 내놓았다. 목회상담 형태의 간단한 내용인데 5가지 질문에 대해서 5초 이내에 상담 질문 내용을 대답하면서 상담에 응했다.

필자의 질문 1

- 구속받기 싫어서 교회에 안 가는데 어떻게 해야 할까요?

Chat GPT의 답변 1

- 속받기 싫어서 교회에 안 가는 것은 이해할 수 있지만, 교회는 단순히 규율을 지키는 곳이 아니라 하나님과의 관계를 회복하고 성장하는 곳입니다. 교회에 가는 것이 부담스럽다면 작은 교회나 셀 모임에 참여해보는 것은 어떨까요? 자유롭게 참여하며 천천히 익숙해질 수 있습니다.

필자의 질문 2

- 우리교회 목회자가 신뢰가 가지 않아서 고민이에요.

Chat GPT의 답변 2

- 목회자에 대한 신뢰가 없다면 그 이유를 찾아보는 것이 중요합니다. 목회자와 솔직한 대화를 나누어 보는 것도 좋고, 다른 교회를 찾아보는 것도 방법입니다. 하지만 목회자에 대한 불신을 가지고 있다면 자신의 신앙생활에도 영향을 줄 수 있으니 주의해야 합니다.

필자의 질문 3

- 우리교회 성도들이 배타적이고 이기적인 태도가 싫어서 교회에 나가기 싫어요.

Chat GPT의 답변 3

- 배타적이고 이기적인 성도들의 태도는 안타깝지만, 그 문제를 혼자 해결하려 들지 말고 다른 성도들과 함께 고민해보세요. 교회 안에서 서로 사랑하고 배려하는 분위기를 만들어가는 것이 중요합니다.

필자의 질문 4

- 시간적 여유가 없어서 교회에 나갈 수 없는데 어떡하면 좋아요?

Chat GPT의 답변 4

- 시간적 여유가 없다면 온라인 예배나 성경공부 등을 활용해보세요. 또한 가족이나 친구들과 함께 기도하고 예배드리는 것도 좋습니다. 시간이 없다고 포기하지 말고 창의적인 방법을 찾아보세요.

필자의 질문 5

- 교회에 헌금을 너무 강조해서 교회가 싫어졌어요. 어떡하면

좋아요?

Chat GPT의 **답변 5**

- 교회의 재정 운영 방식에 대해 솔직하게 의견을 내어보세요. 교회 지도자들과 대화를 나누어 개선점을 찾아볼 수 있습니다. 또한 헌금에 대한 부담감을 줄이기 위해 자발적이고 은혜로운 헌금 문화를 만들어갈 수 있습니다.

제5절

AI와 신앙교육

AI 시대의 신앙교육은 기존의 신앙교육과는 본질적인 차이가 있을 수밖에 없다. 지금까지의 신앙교육은 주로 목회자를 중심으로 교회 내에서 이루어졌으며, 교회 간의 연합 형태로도 전개되곤 했다. 그러나 기독교 신앙의 핵심은 하나님의 계시에 기반하고 있다. 성경은 하나님의 계시로서, 하나님께서 우리에게 말씀하시는 것임을 믿고 따르는 종교적 전통이다. 따라서 기독교 신앙은 단순한 명상이나 상상, 탐구와는 다르며, 예수 그리스도가 신앙의 기초가 된다. 이 점에서 예수는 누구이며 왜 예수를 믿고 그 말씀에 따라야 하는지 가르치는 것이 신앙교육의 본질적 역할이라 할 수 있다.

"예수 그리스도를 믿는 자는 제자 될 자격이 있고"(눅 14:26)

"그를 믿는 자만이 영생을 얻을 수 있다는 것"(요 3:36)

신앙교육은 예수 그리스도의 정체성과 사역을 중심으로, 그 분이 왜 이 땅에 오셨고, 우리를 구원하기 위해 무엇을 하셨는지, 그리고 우리가 왜 예수 그리스도를 우리의 구주로 영접해야 하는지 가르친다. 또한, 성도들이 거듭나야 하는 이유를 성경적으로 설명하고 그들의 신앙을 심화시키는 것이 핵심이다.

"그리스도인 신앙의 기초는 나사렛 예수가 우리의 구원자이시며 생명의 떡이시고"(요 5:51)

"하나님께서 세상을 이처럼 사랑하사 독생자를 주셨으니 이는 저를 믿는 자마다 멸망치 않고 영생을 얻게 하려 하심이니라"(요 3:16)

신앙교육은 무엇보다도 예수님의 존재를 중심으로 가르치는 교육이다. 이는 하나님의 예언과 약속의 말씀인 성경을 통해 예수님에 대해 배우고, 그분의 존재를 이해하며, 그분이 우리의 죄를 대신 지시고 십자가에 못 박혀 죽으시고 부활하신 하나님의 독생자라는 사실을 깨닫게 하는 것이다. 성경은 예수님에 대해 다음과 같이 가르친다.

- "하나님의 영광의 광채시오 그 본체의 형상."(히 1:3)

- "보이지 않는 하나님의 형상."(골 1:15)
- "그 안에는 신성의 모든 충만이 육체로 거하시고."(골 2:9)

예수님께서 스스로 말씀하시기를, "나를 본 자는 아버지를 보았다."(요 14:9) 하셨다. 이러한 성경적 진리는 예수님께서 우리 죄를 대신하여 십자가에서 죽으시고, 부활하신 구세주임을 가르치는 데 핵심이 된다.

또한, 신앙교육은 예수님의 존재와 사역뿐 아니라, 남은 성경의 가르침을 통해 이를 우리의 삶에 어떻게 적용할 수 있는지 가르치는 데에도 중점을 둔다. 성경을 통해 성도들의 삶이 어떻게 변화되고, 그리스도의 제자로서 어떻게 살아가야 하는지를 교육하는 것 역시 기독교 신앙교육의 중요한 부분이다.

이와 같은 신앙교육은 AI 시대에도 그 본질을 잃지 않고 유지되어야 하며, 디지털 기술과 융합하여 더 많은 성도들에게 효과적으로 전달될 수 있는 방법을 모색해야 할 것이다.

1. AI 시대의 신앙교육

AI 시대의 도래는 예배, 설교, 영성 훈련 등 목회환경 전반에 걸쳐 변화를 가져왔으며, 이는 신앙교육에서도 새로운 도전과 기회를 제공한다. 특히 Chat GPT와 같은 인공지능 도구는 성도와 목회자에게 신앙교육에서의 접근 방식을 재고하도록 요구하며, 이 과정에서 신중한 고려가 필요하다.

기독교 신앙교육은 전통적인 학교 교육과 본질적으로 차이가 있다. 예를 들어, 최근 대학 교육에서 활용되는 문제 기반 학습(PBL)[37]이나 거꾸로 학습(Flipped Learning)은 신앙교육에서 상대적으로 낯선 방식이지만, 성경을 중심으로 질문 중심 학습(Question-Based Learning) 같은 방법을 활용하여 성도들이 신앙을 더욱 깊이 이해할 수 있는 계기를 마련할 수 있다.

Chat GPT는 신앙교육에서 다음과 같은 방식으로 활용될 수 있다:

1. **수업을 돕는 보조 강의자로서의 역할**
   - Chat GPT를 활용해 성경의 특정 주제에 대한 답변을 생성하고, 이를 바탕으로 성도들이 추가 학습을 이어나갈 수 있다.
     예: "예수님께서 이 땅에 오신 목적"을 Chat GPT에 질문하여 일부 답변을 제공받은 뒤, 성도들이 나머지 부분을 성경 구절과 연결지어 채워가는 방식.

---

37 PBL은 문제 중심 학습법이고 프로젝트 중심 학습법(Project based learning)으로도 쓰인다. 거꾸로 학습은 미리 학습 내용을 주고 숙지하게 한 다음 재확인하고 토론과 질문 등을 통해 학습하는 방법이다.

- Chat GPT와의 대화에서 질문법을 학습하여 성경적 주제에 대한 토론을 진행한다.

2. 성도 개인별 맞춤 신앙학습을 위한 교사 역할

- 각 성도의 신앙 수준에 맞춘 자료를 제공하며 학습을 지원한다.
- 학습 능력과 신앙 경험에 따라 학습 방법을 차별화한다. 예: 심화 학습이 필요한 그룹에는 고급 신학적 질문과 토론을, 기초가 필요한 그룹에는 성경의 기본 내용에 초점을 맞춘 반복 학습을 제공.

3. Team Project의 공동 구성원으로서의 역할

- Chat GPT를 팀 구성원으로 포함하여 신앙교육 프로젝트를 진행한다.
- 성도들이 질문과 답변을 통해 공동의 결과물을 만들어 가는 방식으로 학습의 참여도를 높인다.
- 목회자는 Chat GPT를 활용하는 과정을 조율하고 성경적 관점을 보완한다.

AI 시대에도 신앙교육에서 변하지 않는 본질적인 요소는 다음과 같다:

1. 성경의 권위: 성경은 변하지 않는 하나님의 말씀으로 신앙교육의 중심이다.
2. 구원의 진리: 예수 그리스도를 통한 구원의 메시지는 시대를 초월해 동일하다.
3. 하나님의 성품: 하나님의 사랑, 공의, 자비 등의 성품은 변함없으며 신앙교육에서 항상 강조된다.
4. 교회의 사명: 복음 전파와 신자 양육, 공동체 형성이라는 교회의 사명은 모든 시대에서 중요하다.
5. 기도와 예배: 하나님과의 관계를 유지하고 강화하는 데 기도와 예배는 필수적이다.
6. 신앙의 공동체성: 신앙은 개인적인 경험이지만, 공동체 안에서 이루어져야 한다.

신앙교육에서 변화가 필요한 요소

1. **상호작용적 학습**

   전통적인 일방적 전달 방식을 넘어 교사와 학생 간의 상호작용을 강화하며, 팀 티칭, 체험 학습, 토론 중심 학습 등을 도입해야 한다.

2. **실천 중심의 교육**

   신앙교육의 목표를 이론적 지식 전달에서 실천적 신앙생활로 전환하며, 이를 통해 성도들이 실제 생활 속에서 신앙을 실천할 수 있도록 도와야 한다.

3. **다양한 교육 방법**

   현대 기술과 매체를 활용하여 복합적이고 창의적인 교육 방식을 도입해야 한다. 예를 들어, 가상현실(VR) 기술을 통해 성경 속 인물과 사건을 재현하거나, 디지털 콘텐츠를 활용하여 학습의 접근성을 높일 수 있다.

박상진은 기존의 주일학교 교육 방식이 가진 한계를 지적하며, '품 모델'을 대안으로 제시한다.[38] 이 모델은 사랑과 관계 맺음, 본보기를 통한 교육을 강조하며, 학교식 교회 교육과는 차별화된 접근을 제공한다.[39]

주일학교의 한계

1. 교사와의 분리(지식 전달에 치중)
2. 학생 간의 상호작용 부족
3 은사 활용 부족
4. 교제 부족

---

38 박상진, "기독교 교육 생태계를 회복 하는 대안 교회 교육-품모델", 「장신논단」 48/1 (2016): 361-388.

39 박상진, "기독교 교육 생태계를 회복 하는 대안 교회 교육-품모델", 362.

5. 목회와의 연계 부족
6. 가정과의 연계 부족
7. 학교와의 연계 부족
8. 지역사회와의 연계 부족

품 모델은 이러한 한계를 극복하고 신앙교육의 대안을 제시하는 접근으로, AI 시대에서도 적절히 적용될 수 있다. AI와 전통적 교육 방식을 통합해 신앙교육의 효과를 극대화하는 것이 중요하다.

2. AI 활용의 신앙교육 사례

Chat GPT는 방대한 데이터를 기반으로 성경 본문에 대한 해석과 관련된 질문에 빠르게 응답할 수 있다. 이를 통해 성도들은 자신의 신앙적 이해를 확장하며, 다양한 방식으로 교육을 받을 수 있다. 이에 대한 구체적인 사례를 아래와 같이 제시한다.

필자의 질문 1

- 영성을 위한 신앙교육은 어떤 게 있나요? 어떤 방법과 어떤 내용으로 이루어지며 어떤 대상으로 가르치는지 알려줘요.

Chat GPT의 답변 1

- 영성을 위한 신앙교육은 다양한 방법과 내용으로 이루어질 수 있습니다. 대표적인 방법과 내용, 대상은 다음과 같습니다.

1. 기도와 묵상 교육
   - 기도의 방법, 형태, 자세 등을 배우고 실습하는 교육
   - 성경 말씀 묵상, 영적 서적 읽기를 통한 내적 성장 도모
2. 예배 및 전례 교육
   - 예배의 의미와 중요성, 예배 참여 방법 교육
   - 미사, 성사 등 전례의 의미와 절차 이해 증진
3. 영적 지도 및 상담
   - 개인의 영적 여정을 돌보고 인도하는 지도자와의 상담
   - 영성 성장을 위한 조언과 격려 제공
4. 영성 관련 강의 및 워크숍
   - 영성 신학, 영성 전통, 영성 실천에 대한 강의
   - 명상, 기도, 영적 독서 등 실습 중심의 워크숍

주요 대상은 성도들로, 청소년, 성인, 수도자 등 각 대상의 특성과 필요에 맞춰 교육 내용과 방식을 구성한다.

필자의 분석 1

- Chat GPT는 영성을 위한 신앙교육의 방법과 대상을 구체적으로 제시했으나, 영성의 개념과 개발 과정, 그 결과에 대한 깊이 있는 설명은 부족합니다. 다각적인 명령어와 심화된 질문을 통해 보다 심층적인 답변을 받을 수 있을 가능성이 있지만, 성경적 관점에서의 구체적인 사례를 제공하는 데는 한계가 있습니다.

필자의 질문 2

- 성경공부의 방법과 내용, 대상 알려주세요.

Chat GPT의 답변 2

1. 방법
   - 강의식 성경공부: 성경 본문을 중심으로 교사가 강의
   - 토론식 성경공부: 질문과 토론을 통해 성경 내용을 탐구
   - 소그룹 성경공부: 소규모 그룹으로 나누어 상호작용하며 진행
   - 성경 암송: 중요한 성경 구절을 암송하여 내면화
2. 내용
   - 구약 성경 공부: 창세기, 출애굽기, 사무엘상·하, 시편 등
   - 신약 성경 공부: 복음서, 사도행전, 바울 서신 등
   - 주제별 성경 공부: 기독교 신학, 윤리, 영성 등 특정 주제

- 성경 인물 연구: 주요 성경 인물의 삶과 메시지 탐구

3. 대상

- 유아/어린이: 성경 이야기를 중심으로 기본 교리 및 가치관 교육
- 청소년: 성경 본문 탐구와 신앙 고민 및 실천 교육
- 성인: 깊이 있는 성경 연구와 삶에의 적용 강조
- 노년층: 생애 경험을 바탕으로 한 성경 해석과 영성 함양

필자의 분석 2

- Chat GPT는 성경공부의 방법, 내용, 대상을 구체적으로 제시하며 성도들의 학습 수준과 관심에 따라 다양하게 활용될 수 있는 가능성을 보여줍니다. 다만, 신학적 깊이나 영적 차원의 통찰을 필요로 하는 경우에는 인간 목회자의 보완이 필요합니다.

필자의 질문 3

- AI 시대에 가상현실을 활용한 신앙교육 사례와 방법, 내용, 대상에 대해 알려줘.

Chat GPT의 답변 3

1. 사례

- 가상 성전이나 성경 속 장면 구현을 통한 몰입형 학습

- 360도 영상을 활용한 성지 순례 체험
- 아바타를 활용한 소그룹 성경공부 및 상호작용 프로그램

2. 방법
 - 가상현실 기기 활용: HMD와 컨트롤러를 이용해 몰입형 콘텐츠 제공
 - 웹 기반 가상 공간: 실시간 소통과 협업 가능
 - 모바일 앱 활용: 개인 맞춤형 콘텐츠 제공

3. 내용
 - 성경 속 장면 및 성지 탐방
 - 예배 및 예전 체험
 - 기도와 묵상, 리더십 개발 등

4. 대상
 - 디지털 네이티브 세대인 청소년과 젊은 층
 - 거동이 불편한 노년층을 위한 비대면 신앙 활동 지원
 - 지리적 제약이 있는 지역의 성도

필자의 분석 3

- Chat GPT는 가상현실 기술을 활용하여 신앙교육의 공간적·시간적 제약을 극복하고, 보다 몰입감 있는 학습을 가능하게 하는 방법을 제시합니다. 그러나 기술적 도구의 사용이 신앙의 본질을 대체하지 않도록 주의가 필요합니다.

Chat GPT는 신앙교육에서 보조 교사로서의 역할, 개인화된 학습, 가상현실의 활용 등을 통해 다양한 가능성을 제공하지만, AI의 활용에는 영적 통찰과 인간적 공감이 부족하다는 한계가 있습니다. 따라서 AI는 목회자의 역할을 대체하기보다, 성경 중심의 교육과 목회적 사역을 보완하는 도구로 적절히 활용되어야 합니다.

제6절

AI와 가상현실 목회

AI 시대는 인공지능의 급격한 기술 진전에 따라 사회 각 영역이 혁명적 변화를 겪고 있다는 특징이 있다. 특히, 가상현실과 증강현실 기술의 확산은 예배 현장과 목회환경에도 상상치 못한 변화를 가져오고 있다. 이러한 기술적 가능성을 바탕으로 가상적 몇 가지 미래를 예측할 수 있다.

1. 가상현실 속의 예수님 등장

AI 기술의 발전으로 소천한 유명인이나 가족을 재현하여 생전과 같은 모습, 태도, 음성으로 상호 대화하고 접촉하는 기술이 구현되고 있다. 이러한 기술이 목회 현장에서 활용되어 예수님께서 부활하신 모습으로 재현되어 교회당을 거니시며 말씀을 하시는 장면이 연출된다면, 성도들과 목회자들에게 놀라움과 감동을 줄 가능성이 있다. 마치 예수님께서 성도들을 직접 만나는 듯한 영적 체험을 제공할 수 있기 때문이다.

가상현실 기술은 시공간을 초월한 형태의 모습을 구현할 수 있으며, 이를 통해 영성이 깊어지고 신앙생활의 감동이 더해질 수도 있다. 그러나 이러한 가상현실은 실제가 아닌 가상이라는 본질적 한계를 가지며, 성경에서 가르치는 영적 원칙과 신학적 문제에 대한 갈등을 일으킬 수 있다.

> "하나님은 영이시니 예배하는 자가 신령과 진정으로 예배할지니라"(요 4:24).

이처럼 가상현실 속에서의 예수님 구현은 기술적으로 가능하더라도, 성경적 교리와 영적 경험의 조화를 이루는 데 있어서 신학적 논란과 실천적 어려움을 동반할 수 있다. 또한, 이러한 기술 활용은 성경이 강조하는 영적 삶의 본질을 훼손할 가능성도 존재한다.

2. 가상현실 속의 12제자들

설교와 예배 과정에서 AI 기술을 접목하여 성경 구절이나 설교 내용을 시각적으로 구현하는 것은 이미 가능한 시대가 되었다. 예를 들어, 요한복음 14장에서 빌립이 예수님께 "아버지를 보여주옵소서"라고 요청하는 장면을 가상현실로 구현한다면, 예수님과 제자 간의 대화를 보다 생생하게 전달할 수 있을 것이다.

마찬가지로 최후의 만찬 장면, 예수님의 승천, 산상수훈 등 성경 속의 주요 사건과 인물들을 가상현실로 구현하여 설교와 예배에 활용할 경우, 성도들의 이해를 돕고 예배의 몰입감을 높이는 데 기여할 수 있다. 그러나 이 또한 성경적 원칙과 AI 활용의 한계를 명확히 이해하고, 설교자의 분별력 있는 사용이 전제되어야 한다.

3. 가상현실 속의 모세의 기적 등 성경 내용

가상현실을 활용한 성경 내용의 구현은 활용 범위가 넓으며, 구약과 신약에 이르는 다양한 성경 이야기를 재현할 수 있다. 예를 들어, 모세를 통해 이루어진 애굽에서의 이적, 노아의 방주, 예수님께서 행하신 기적 등을 설교와 예배에 접목한다면, 성도들에게 강한 감동과 신앙적 깨달음을 줄 수 있다.

기존의 미디어나 영화에서 성경 이야기가 다뤄진 사례는 많지만, 설교와 직접적으로 연결된 가상현실 활용은 설교자와 성도가 더욱 긴밀히 연결될 수 있는 기회를 제공한다. 다만, AI 기술의 활용이 성경 말씀과 신앙의 본질을 왜곡하거나 성도들에게 혼란을 초래하지 않도록 신중히 접근해야 한다.

이외에도 가상현실은 사도바울의 선교 행적, 서신, 성경적 교훈 등을 체계적으로 구현하는 데 활용할 수 있다. 그러나 설교자와 성도가 함께 영적으로 연결되고, 설교의 본질을 잃지 않도록 AI 기술의 가능성과 한계를 분명히 인식하는 것이 필요하다. 잘못된 활용은 성경적 가르침에 대한 혼란을 초래하거나, 현실과 가상현실 간의 정체성 혼란을 야기할 가능성이 있다.

결론적으로, 가상현실과 AI 기술의 목회적 활용은 가능성과 한계를 동시에 지니고 있다. 목회자는 이러한 기술의 긍정적 요소를 극대화하면서도, 신학적 논란과 영적 혼란을 최소화하는 지혜로운 접근이 필요하다. AI 기술의 활용은 어디까지나 하나님이 주신 도구라는 점을 인식하며, 성경적 원칙과 영적 본질을 지키는 데 집중해야 할 것이다.

제5장

AI와 설교의 변화

AI 시대의 도래는 설교와 목회환경에 심오한 변화를 초래하고 있다. 설교는 목회 활동의 본질적 중심이자 교회의 핵심적 기능으로서, 시대적 변화에 따라 지속적으로 적응하고 발전해야 하는 영역이다. 특히 AI 기술의 발전은 설교의 준비 과정과 전달 방식, 그리고 청중과의 상호작용에서 전례 없는 가능성과 도전을 동시에 제공하고 있다. 이에 따라 본 절에서는 전통적인 설교의 개념과 AI 시대에 새롭게 변화된 설교의 개념을 비교·분석하며, 이러한 변화가 실제 설교 사례에 미친 구체적인 영향을 탐구하고자 한다. 나아가 AI 기술을 설교에 활용함으로써 나타나는 목회적 및 실천적 의의를 심층적으로 논의하고, 이를 통해 효과적인 목회 사역의 대안을 제시하고자 한다.

AI 시대의 목회 사역 가운데 설교는 그 활용 가능성이 가장 높고 실질적으로 적용하기 용이한 분야로 평가된다. 이는 설교가 AI 기술을 통해 신속하면서도 효율적으로 준비되고 구성될 수 있으며, 동시에 보다 창의적이고 체계적인 전달 방식을 구현할 수 있는 장점을 지니기 때문이다. 이러한 이유로 본 절에서는 설교를 중심 주제로 선정하여 AI 시대의 목회환경 변화에 대한 논의의 심도와 구체성을 더하고자 한다.

제1절

전통적 설교 이해

에드윈 다간은 그의 저서 『설교의 역사』에서 설교를 "기독교의 중요한 본질적인 부분이며 가장 눈에 띄는 점일 뿐만 아니라 가장 독특한 제도"라고 정의했다. 그는 또한 기독교 역사에서 교회의 위대한 부흥은 언제나 "힘 있는 말씀의 강단"에서 비롯되었으며, 반대로 교회의 암흑기는 "생명력 없고 형식적이며 열매 없는 본문에서 벗어난 설교"에서 기인한다고 설명했다.[1] 전통적으로 설교는 무엇을 전할 것인가(The what of preaching)에 깊은 관심을 가져왔지만, 어떻게 전할 것인가(The how of preaching)에 대

1 John R, Brokhoff, *Luther Lives: Preaching Resources on the 500th Anniversary of Martin Luther's Birth* (Lima, OH: The C.S.S. Publishing Company, 1983): 27.

해서는 상대적으로 무관심해 왔다.[2]

이에 따라 설교의 형식과 방법은 시대의 흐름과 함께 발전해 왔으며, 초기 전통적인 교회들은 단순한 설교 방식으로 청중을 설득해 왔다. 일반적으로 전통적 설교는 설교학적 수사학에 뿌리를 둔 가장 오래된 설교 방식 중 하나다. 어거스틴은 그의 저서 「기독교 교리」 4부에서 교육적이고 논리적인 설교 형식을 제시하며 설교에 수사학적 특징을 도입한 최초의 학자였다. 그는 설교를 성경 해설로 이해하면서 독특한 설교 형식을 제안했고, 이는 약 1500년 동안 설교의 지배적인 틀로 사용되었다.[3]

오늘날 한국교회의 설교에서는 제목(Title)과 주제(Topic)를 구분하지 않는 경우가 많다. 특히 '제목 설교'라는 잘못된 표현이 사용되기도 한다. 제목은 설교의 이름을 붙여 주보 등에 알릴 때 사용하는 것이며, 설교 내용의 중심을 논할 때는 주제(Topic, Theme, Subject)라는 용어를 사용하는 것이 바람직하다.

주제 설교는 중세에 설교가 홀대받던 시기에 수도자들이 특정 성서 본문 대신 자신들의 신앙과 신학, 성서 지식을 기반으로 설교하던 방식에서 기원한다. 이후 종교개혁 시기에 설교는

---

2 Edwin C. Dargan, *History of Preaching : From the Apostolic Father to the Great Reformers AD 70-1572*, vol, I (Grand Rapeds: Baker Book House, 1968), 12-13.

3 Fred B. Craddock, *Overhearing the Gospel. Preaching and Teaching the Faith to Persons uho Have Heard It All Before* (Nashville: Abingdon Press, 1978).

성경 본문을 철저히 주석하는 '주석 설교'가 중심을 이루게 되었다. 전통적 설교는 연역적 구성 원리를 따르며, '명료한 이해', '명료한 해석', '명료한 적용'을 중시한다. 이는 삼대지식(Three Point) 설교라는 특징으로 나타나며, 성경 본문을 신학적으로 해석하고, 삶에 구체적으로 적용하는 데 중점을 둔다. 로이드 존스는 서론(introduction)과 세 가지 대지(Heads)를 가진 설교 형식이 현재까지 이어지고 있음을 강조했으며, 크래독은 전통적 설교를 "공동체적 사건이 아니라 이성적 담화"로 간주했다.[4]

전통적 설교는 주로 연역적이고 명제적인 성격을 띤다. 이는 성경이 가지는 이야기 구조를 상실하고, 주로 대지를 만들어 개념을 정리하며 정보를 전달하는 '교육적 설교(Didactic Preaching)'로 간주된다. 이 설교 방식은 계몽주의 이후 모더니즘 시대에 이성적 사고와 논리를 중심으로 설교의 대표적인 형태로 자리 잡았다.

결론적으로 전통적 설교는 이성적 논리와 분석적 사고를 바탕으로 하며, 형식상 연역적이고 명제적인 특징을 가진다. 또한, 대지를 통해 개념을 정리하고 정보를 전달하는 교육적 설교의 성격을 띠며, 이러한 전통적 설교의 틀은 오늘날에도 지속적으로 영향을 미치고 있다.

---

4 김운용, "설교의 새로운 패러다임: 새로운 설교 패러다임에서의 설교와 형태(1)." 「기독교사상」(2000년): 159-160.

1. 강해설교

강해설교는 "성경의 한 구절이나 몇 절에서 주요 사상을 취하고 그것을 해석하여 논리적으로 설명하며 실제 생활에 적용하는 설교"로 정의된다.[5] 강해설교는 성경 본문의 내용을 최우선적으로 강조하고 이를 펼쳐 보여줌으로써 사람들이 진리와 직면하게 하는 가장 효과적인 설교 형태로 평가받는다. 강해설교의 강점은 성경 본문의 내용을 있는 그대로 전달하려는 데 있다. 그러나 이 설교 방식 역시 몇 가지 약점이 존재할 수 있다는 지적이 있다.

로빈슨(Haddon W. Robinson)은 강해설교를 "설교 시 활용하는 성경 본문의 배경을 역사적, 문법적, 문자적, 신학적으로 연구하여 발굴하고 알아낸 성경적 개념, 즉 하나님의 뜻을 전달하는 것으로, 성령께서 그 개념을 우선 설교자의 인격과 개념에 적용하시며, 설교자를 통하여 다시 회중들에게 적용하시는 것"이라고 설명한다.[6] 이 설교 방식은 하나님의 말씀에 집중함으로써 설교자의 권위를 세워주고 성경의 깊이를 드러내는 데 유리하다. 또한, 본문 설교와 비교해 연설적 요소를 가미하기 쉽기 때

---

5 정인교, 『설교학 총론』 (서울: 대한 기독교서회, 2023), 286.

6 Hadon W. Robinson, 『강해설교』, 박영호 역(서울: 기독교 문서 선교회, 1983). 23.

문에 회중에게 흥미 있는 설교 전달이 가능하다는 강점이 있다. 강해설교는 "본문을 본문의 정황 속에서 역사적, 문법적, 그리고 문학적으로 연구하고 성경적 개념을 통해 전달하는 형식이며 설교자를 통해 성도들에게 전달하는 의사소통 방식"이라고도 정의된다.

강해설교는 하나님의 말씀에 충실하면서도 본문에서 출발하여 기록된 말씀인 성경에 기반한 충실한 설명으로 볼 수 있다. 성경 말씀을 바로 해석하여 전하지 못하면 설교자의 권위가 약화되고, 하나님께로부터 오는 말씀 대신 인간적인 이야기가 회중에게 전달될 위험이 있다. 하나님께서는 성경을 통해 말씀하시며, 성경은 오늘을 살아가는 성도들에게 하나님의 메시지를 전달하는 도구가 된다.

강해설교에서 가장 중요한 것은 설교의 주요 내용이 반드시 성경 본문에서 나와야 하며, 적용 역시 본문의 의도를 벗어나서는 안 된다는 점이다. 바우만(J. Daniel Baumann)은 이를 구체적으로 설명하며 "형식적인 틀을 강해설교에 제시하여, 두 절 이상의 본문에 근거하고, 주제와 대지는 본문에서 나오며 중심 내용도 본문에서 전개되는 것이 강해설교"라고 규정한다.[7] 다양한 학자들의 정의를 종합해 보면, 강해설교의 공통점은 성경 본문

7 Robinson, 『강해설교』, 286.

으로부터 핵심 메시지가 나와야 하며, 설교는 성경 본문을 기본으로 이루어지고 본문에서 출발해야 한다는 것이다.

2. 귀납적 설교

설교에서 형식의 문제는 설교 내용의 중요성에 비하면 덜 중시되곤 하지만, 목회자들은 대체로 설교할 때 "어떻게 전할 것인가"보다는 "무엇을 전할 것인가"에 더 집중해 왔다. 귀납적 설교에서 중요한 요소는 상상력(imagination)이다. 본질적으로 귀납적 설교는 상상력을 그 바탕으로 삼아야 한다. 에드윈 다간(Edwin C. Dargan)은 그의 저서 『설교의 역사』에서 "설교는 기독교의 중요한 본질적인 부분이자 가장 독특한 제도"라고 주장하며, 기독교 역사에서 교회의 위대한 부흥은 언제나 "힘 있는 말씀의 강단"에서 비롯되었으며, 교회의 암흑기는 "생명력 없고 형식적이며 열매 없는 설교"로부터 기인했다고 설명했다.[8]

귀납적 설교는 전통적 설교의 연역적, 명제적, 권위적 틀에서 벗어나 설교자가 권위 없는 동반자로서 청중과 함께 예배를 진행하는 구조를 가진다. 설교자는 귀납적 설교를 통해 청중을

---

8 Edwin C. Dargan, *History of preaching: From the Apostolic Father th to the Great Reformers AD 70-1572*, Vol. I (Grand Rapids: Baker Book House, 1968). 12-13.

수동적인 말씀의 수혜자가 아닌, 말씀을 탐구하고 경험하며 결단하는 존재로 본다. 이러한 방식은 설교자를 목회 여정을 함께하는 동반자로 자리매김한다.

귀납적 설교는 프레드 크래독(Fred B. Craddock)이 제시한 설교 형태로, 그는 1971년 출간한 『권위 없는 자처럼』(As One Without Authority)에서 이 방법을 소개하며 전통적인 연역적 설교의 대안으로 제안했다. 연역법(Deductive Method)이 주제를 먼저 제시하고 이를 논리적으로 전개하는 데 중점을 둔다면, 귀납법(Inductive Method)은 구체적인 사례들로부터 일반적인 진리를 도출하는 방식을 취한다.[9] 크래독은 연역적 설교의 약점으로, 설교가 청중과의 진정한 대화를 결여하고 있다고 지적했다. 그는 설교가 민주주의적 대화보다는 일방적 전달에 머물러 있다고 보았다.

귀납법적 설교는 설교의 원리를 이끌어내는 과정이다. 정인교 교수는 귀납적 설교의 목적과 원리를 다음과 같이 제시한다.[10]

1. 귀납적 설교의 구조는 '움직임'(Movement)의 성격을 가져야 한다. 귀납적 설교는 움직임을 통해 청중을 결론으로 인도

---

9 정인교 『설교학 총론』 (서울: 대한기독교서회, 2003), 218-232.

10 정인교, 『현대설교 패턴으로 승부하라』(서울: 청목 출판사, 2008), 242-243.

하며, 전통적인 대지 설교의 구조와 달리 회중들에게 구조가 명시적으로 드러나지 않는다.

2. 귀납적 설교는 개요(Outline)가 움직임에 종속되어야 하며, 회중이 스스로 결정을 내릴 수 있도록 유도해야 한다. 설교자는 회중이 스스로 목표를 찾아가도록 안내하는 역할을 한다.
3. 귀납적 설교는 이야기와 경험, 성경의 이야기를 엮어 진행하며, 단일 개념을 중심으로 설교의 일체성을 유지해야 한다. 설교의 전개는 결론을 향해 집약적으로 움직이도록 짜임새 있게 구성되어야 한다.[11]
4. 귀납적 설교는 명확한 구조를 가지지 않기 때문에, 설교자가 청중이 흐름을 따라갈 수 있도록 암시를 제공해야 한다. 회중이 설교의 내용을 이해하고 길을 잃지 않도록 유도하는 것이 중요하다.
5. 설교는 회중의 관심과 기대를 끌어내야 한다. 이를 통해 설교의 중심 주장에 대한 이해를 돕고, 회중의 마음을 준비시켜 참여를 유도한다. 시, 수필, 비유 등의 사용은 이러한 과정에 효과적이다.

---

11 Fred B. Craddock, 『권위 없는 자처럼』 김운용 역(서울: 예배와 설교 아카데 미, 2010), 120.

크래독은 인간이 사고하고 발견하며 학습할 때 귀납적으로 접근한다고 주장하며,[12] 설교 역시 귀납적 방식으로 시작될 때 청중의 관심을 끌 수 있다고 강조한다. 하지만 설교자들은 설교를 준비할 때는 귀납법적으로 접근하면서도, 전달 과정에서는 연역법적으로 전환하는 경향이 있다. 설교자는 본문의 메시지를 탐구하고 이를 석의 과정을 통해 청중의 마음을 열게 해야 한다.

귀납적 설교의 가장 큰 장점은 성도의 인생 경험과 문제 해결에 효과적이라는 점이다. 설교자는 귀납적 방법을 통해 청중이 설교에 더 적극적으로 참여할 수 있도록 이끌며, 본문을 바탕으로 청중과 함께 진리를 발견하고 경험하는 과정을 강조한다.

3. 본문이 이끄는 설교

본문이 이끄는 설교는 전통적 강해설교의 뿌리를 기반으로 한다. 강해설교의 강점은 성경 본문의 내용을 있는 그대로 전달하려는 데 있다. 그러나 전통적 강해설교는 몇 가지 약점이 지적되기도 한다. 특히 설교자는 본문과 내용을 청중에게 효과적으

---

12 Fred B. Craddock, *As One Without Authority* (Nashville: Abingdon, 1978), 57.

로 전달해야 한다. 본문을 중심으로 하지 않는 설교는 청중에게 의미를 제대로 전달할 수 없으며, 설교를 통해 성도들의 삶에 변화를 가져다주기도 어렵다. 따라서 본문에 대한 깊은 해석과 청중을 향한 실천적인 제시가 필요하며, 본문에 몰입하는 설교의 회복이 시급히 요구된다. 설교자는 본문에 근거하여 청중을 향하는 설교를 해야 한다.

강해설교는 본문 내용을 최우선적으로 강조하는 한편, 청중이 살아가는 시대와의 연관성을 소홀히 다룬다는 경향이 있다. 설교에서 본문의 의미만 드러내고 오늘날의 현실과의 연관성을 다루지 않으면, 성도들의 현재 삶에 본문 말씀이 적용되지 못한다. 권호 교수는 그의 저서 『본문이 살아 있는 설교』에서, 본문의 뜻만을 전달하는 것은 주해나 강해는 될 수 있어도 설교는 될 수 없다고 주장하며, 설교가 본문과 청중 사이의 다리를 놓아야 한다고 강조한다.[13]

본문이 이끄는 설교에서 빠질 수 없는 세 가지 주요 요소가 있다. 첫 번째 요소는 성경 본문 자체이다. 본문이 이끄는 설교는 성경 본문이 설교의 모든 것의 핵심이 되는 설교 형태이다. 이를 통해 설교자는 성경 본문을 통해 하나님의 뜻을 분명히 드러내고 전달해야 한다. 설교자 개인의 생각이나 경험, 사회적

---

13 권호, 『본문이 살아 있는 설교』(서울:아가북스, 2020).

이슈 등이 설교를 이끌어가는 것이 아니라, 성경 본문이 설교의 중심이 되어야 한다. 성경 본문과 설교의 연관성(relevance)은 본문이 이끄는 설교의 중요한 주제로 조명되고 있다. 권호는 "좋은 설교"란 현대를 사는 우리가 왜 몇 천 년 전에 쓰인 본문을 들어야 하며, 그것이 우리의 삶과 어떻게 연관되는지를 보여주어야 한다고 말한다.

본문이 이끄는 설교의 마지막 세 번째 요소는 적용이다. 설교자는 본문에 담긴 의미를 경건한 묵상을 통해 오늘날의 삶과 연관 지어 전달하며, 이를 성도들의 삶에 적용해야 한다. 이를 통해 성도들의 삶이 변화되고, 말씀의 능력이 실현되어야 한다. 영국의 강해설교자 존 스토트(John Stott)는 이를 성경 시대와 현대 시대 두 세계를 연결하는 다리로 비유하며 본문이 이끄는 설교의 적용의 중요성을 강조했다.

제2절

AI와 설교 이해

1. AI 시대의 AI 설교: 가능성과 한계

1.1. AI 설교의 가능성: AI 친화적 설교

진정한 설교는 그리스도가 설교자이시며, 설교자를 통해 말씀하시는 과정을 포함한다. 설교는 하나님과 인간이 영적으로 만나는 과정으로, 목회자들에게 주어진 설교는 하나님의 말씀을 대사로서 선포하는 특권이다. 이러한 본질적 특성은 시대적 변화에도 불구하고 설교의 중심에 자리 잡고 있다.

설교의 형식은 설교의 설득력을 좌우하는 중요한 요소이다. 설교는 설교자의 말, 마음, 삶과 밀접하게 연관되어 있으며, 루터는 이를 “성경은 하나님의 말씀이며, 눈을 통해 오는 말씀은

성만찬이고, 입을 통해 선포되는 말씀은 설교자의 입을 통해 전달된다"고 설명했다.[14]

AI 설교는 현대 기술을 활용하여 설교를 준비하고 전달하는 데 도움을 줄 수 있다. 설교의 메시지를 더 많은 사람들에게 효과적으로 전파할 수 있도록 돕는 도구로, AI 설교는 시대적 도전에 대한 대응책으로 간주된다.

1.2. AI 설교의 신학적 논쟁

AI를 활용한 설교를 찬성하는 근거로 사용될 수 있는 성경 구절

- 마가복음 16:15: "너희는 온 천하에 다니며 만민에게 복음을 전파하라."
  - 이 구절은 복음 전파를 위한 다양한 방법의 사용을 포함하며, AI를 통해 현대의 복잡한 환경에서 더 많은 사람들에게 복음을 전달할 수 있음을 시사한다.
- 사도행전 2:17: "하나님이 말씀하시기를, 말세에 내가 내 영을 모든 육체에 부어 주리니…"
  - 이 구절은 현대 문명과 문화적 변화를 고려한 다양한 도

14 John R, Brokhoff, *Luther Lives: Preaching Resources on the 500th Anniversary of Martin Luther's Birth* (Lima, OH: The C.S.S. Publishing Company, 1983): 27.

구를 통해 하나님의 메시지를 전달할 수 있는 가능성을 제시한다.

- 고린도전서 9:22: "약한 자에게는 내가 약한 자와 같이 되어 약한 자를 얻고자 하였고…"
  - 다양한 방법을 통해 사람들에게 접근하는 필요성을 강조하며, AI의 활용이 이를 가능하게 할 수 있음을 나타낸다.
- 로마서 10:14: "그러면 그들이 믿지 않는 이를 어떻게 부르리요? 듣지 못한 이를 어떻게 믿으리요?"
  - 이 구절은 복음이 전달되는 방식의 중요성을 강조하며, AI가 소통 도구로서 효과적일 수 있음을 지적한다.

AI 설교에 반대하는 근거로 사용될 수 있는 성경 구절

- 야고보서 3:1: "내 형제들아, 많은 선생이 되지 말라. 너희가 아는 바와 같이 우리가 더 큰 심판을 받을 줄 아느니라."
  - 설교의 책임과 신중함을 강조하며, 인간 경험과 신앙의 깊이가 부족한 AI 설교의 한계를 드러낼 수 있다.
- 마태복음 7:15-20: "거짓 선지자를 조심하라…"
  - AI가 생성한 설교의 신학적 정확성과 진리 왜곡 가능성에 대한 경고로 사용될 수 있다.
- 고린도전서 2:4-5: "내 말과 내 전파는 설득력 있는 지혜의 말로 하지 아니하고 오직 성령의 나타남과 능력으로 하여…"

- AI 설교에는 성령의 인도와 능력이 결여될 수 있다는 점을 지적하며, 설교의 본질적 요소를 강조한다.

• 히브리서 4:12: "하나님의 말씀은 살아 있고 활력이 있어…"
  - 하나님의 말씀의 본질적 힘과 AI 설교의 영적 깊이에 대한 한계를 제기할 수 있다.

이러한 논쟁은 AI 설교가 가진 기술적 가능성과 신학적 한계 간의 균형을 찾는 데 중요한 역할을 한다. AI 설교는 복음 전파의 도구로 활용될 가능성이 있으나, 신학적 깊이와 성령의 인도에 대한 대체 불가능성을 인식하며 활용해야 한다.

2. AI 시대 미디어 변화에 따른 설교

오늘날 커뮤니케이션 이론은 아리스토텔레스의 연설 요소인 화자(speaker), 연설(speech), 청중(audience)의 이해에서 출발한다. 아리스토텔레스는 설득의 방향을 논리적이고 이성적으로 설정할 것인지, 감정적이고 정서적으로 결정할 것인지에 따라 에토스(Ethos), 파토스(Pathos), 로고스(Logos)로 분류하였다.[15]

---

15 Olivie Rebou, La Rhetorioue, 박인철 역, 『수사학』 (서울: 한길사, 2001), 42.

복음 소통 방식 또한 미디어 환경의 급속한 변화로 인해 세 가지, 즉 필사 미디어, 인쇄 미디어, 영상 미디어로 나뉘게 되었다.[16] 이러한 미디어 환경의 변화는 소통 도구뿐만 아니라 소통 언어 자체의 변화를 의미하며, 이는 설교 방식에도 큰 영향을 미쳤다.

2.1. 피사 미디어 에토스 설교

필사 미디어 환경은 초대교회부터 중세까지 복음이 소수에게만 전달되던 시대를 의미한다. 양피지와 파피루스 같은 미디어는 영주나 주교 등 소수만 소유할 수 있었기에, 당시 소통 언어는 에토스(Ethos), 즉 정보를 소유한 자의 권위였다.[17] 지식을 소유한 자의 말이 곧 진리로 받아들여지는 환경에서 복음은 영적 권위를 가진 목회자를 통해 전파되었다.

에토스는 화자의 신뢰성을 기반으로 설득력을 높이는 데 중요한 요소로 작용했다. 아리스토텔레스는 "화자의 신뢰성은 모든 설득 수단 중 가장 강력한 것"이라고 강조했다.[18] 박우수는 에토스를 단순히 화자의 인격뿐만 아니라 사회 구성원들이 공유하는 가치와 습관을 포함한다고 설명하며, 이는 오늘날 설교

16 김경원, "교회영상 원데이 스쿨", 「투데이N」 10 (2021, 구원), 5
17 김경원, "교회영상 원데이 스쿨", 「투데이N」 5 (2021, 구월), 6.
18 박우수, 『수사학과 문학』, (서울: 도서출판동인, 2016), 259.

강단에서도 여전히 중요한 설득 요소로 작용하고 있다.

2.2. 인쇄 미디어 설교

구텐베르크의 인쇄술 발명은 지식의 접근성을 크게 확대했다. 이제는 누구나 인쇄본을 통해 지식을 소유할 수 있었으나, 이해와 설득을 위해 깊이 있는 설명이 필요하게 되었다. 이 시기의 소통 언어는 로고스(Logos), 즉 정보에 대한 논리적 설명과 설득이었다.[19]

아리스토텔레스는 논리적인 체계를 통해 상대방을 설득하는 로고스를 강조하며, 이를 수사학의 주요 논증 방법으로 삼았다. 이는 설교에서도 설득력 있는 논리적 체계를 통해 회중의 신뢰와 이해를 높이는 방식으로 적용되었다. 오늘날 많은 교회 설교는 이러한 인쇄 미디어 중심의 논리적 체계에 기반을 두고 있다.

2.3. 영상 미디어 파토스 설교

영상 미디어 시대는 정보의 양과 다양성이 인쇄 미디어를 뛰어넘으며, 감각적이고 감동적인 전달 방식이 중시되었다. 이러한

---

19 김경원, "교회영상 원데이 스쿨", 「투데이 N」 5 (2021, 구월), 6.

환경에서는 파토스(Pathos), 즉 감정과 이미지를 통한 소통이 핵심 언어로 자리 잡았다.

영상 미디어는 정보를 단순히 전달하는 것을 넘어, 감동과 공감을 통해 회중에게 메시지를 각인시키는 데 초점을 맞춘다. 파토스는 회중의 감정 상태를 파악하여 설교를 설득력 있게 만드는 데 중요한 역할을 한다. AI와 영상 기술의 융합은 이러한 파토스 설교를 더욱 효과적으로 구현할 수 있는 가능성을 열어주고 있다.

AI 시대에는 목회자의 역할과 설교 방식에 큰 변화가 요구된다. 전통적 설교 방식에서 AI를 활용한 설교로의 전환은 목회자에게 새로운 기술 활용 능력을 요구하며, 동시에 설교와 예배의 본질적 의미를 유지하기 위한 신학적, 윤리적 고민을 필요로 한다.

목회자는 설교와 예배에서 AI를 도구로 활용하여 복음 전달의 범위와 효율성을 높이는 한편, 설교 본연의 영적 깊이와 진정성을 잃지 않도록 노력해야 한다. AI 친화적 설교는 전통적 설교와 귀납적 설교, 이야기 설교 등의 장점을 통합하여 회중과의 감성적 연결을 강화하는 데 기여할 수 있다.

결론적으로, AI 시대의 설교는 전통적 설교의 핵심 요소를 유지하면서도 현대 미디어 환경의 변화에 맞춰 새롭게 적응해야 한다. 목회자는 설교의 본질을 잃지 않으면서도 변화하는 시대적 요구를 충족시킬 수 있는 창의적이고 신중한 접근이 필요하다.

제3절

AI 활용 설교 사례 분석

1. Chat GPT 설교 준비 사용법

AI 기술을 활용한 Chat GPT는 현대 목회환경에서 설교 준비의 효율성과 창의성을 높이는 도구로 평가받고 있다. 여기에서는 Chat GPT를 설교 준비에 활용하는 구체적인 방법을 제시하고 그 실질적인 사용 사례를 분석한다.

1.1. 설교 주제 관련

Chat GPT는 설교 주제 탐색과 자료 수집을 체계적으로 지원하는 도구로 활용될 수 있다. 교회의 상황, 절기, 목회 철학 등을 바탕으로 구체적인 정보를 입력하면, AI는 이를 기반으로 설교 주제와 아이디어를 제안한다. 예를 들어, 교회 공동체가 직면한 사회적, 영적 도전을 다루는 거시적 주제부터 특정 성경 본문이나 교리적 주제를 심화하는 미시적 주제까지 다양한 제안을 제공할 수 있다.

또한 Chat GPT는 관련된 기사, 논문, 성경 구절 등의 자료를 소개할 수 있어, 목회자는 이를 참고하여 설교 초안을 작성하거나 새로운 관점을 도출할 수 있다. 예를 들어, "위로"라는 주제를 선택할 경우, AI는 해당 주제와 관련된 성경 구절과 신학적 논점을 제안한다. 이 과정에서 제안된 자료는 목회자가 설교의 방향성을 정하고 개인적인 통찰을 발전시키는 데 유용한 출발점이 된다. 다만, AI가 제공하는 자료의 신뢰성과 가치를 판단하고 이를 설교에 적합하게 재구성하는 것은 여전히 목회자의 책임이다.

1.2. 본문 관련

설교 본문을 Chat GPT에 입력하면 해당 본문과 유기적으로 연결될 수 있는 다른 성경 구절이나 주제를 제안받을 수 있다. 예를 들어, 본문의 핵심 주제가 "사랑"이라고 판단될 경우, Chat GPT는 사랑과 관련된 성경 구절을 제시할 것이다. 만약 목회자가 본문 주제를 "믿음"으로 설정하고 싶다면, 이를 AI에게 명확히 설명함으로써 새로운 구절과 자료를 추천받을 수 있다. 이 과정을 반복하면 설교 준비에 유용한 정보를 얻을 수 있다.

1.3. 주제에 대한 논거 요청

설교에서 하나의 주제를 설정하고 이를 뒷받침하는 3개의 논거를 구성하려 할 경우, Chat GPT는 성경 구절과 논거를 추천하는 데 도움을 줄 수 있다. 본문, 주제, 주장을 입력하면, AI는 적합한 구절을 찾아 정리한다. 추가적으로, 특정 구절이 논거로 적합한 이유를 설명하도록 요청하면 AI와의 대화를 통해 사고의 확장도 기대할 수 있다. 이러한 방식은 특히 강해설교에서 유용하며, 논거를 보강하는 데 필요한 자료를 효율적으로 얻을 수 있다.

1.4. 역사적, 문화적 맥락

설교 본문의 역사적, 문화적 맥락을 연구할 때도 Chat GPT는 유용한 도구가 된다. 목회자가 이미 주석이나 신학 자료를 통해 얻은 정보를 기반으로 질문하면, AI는 관련 기사나 주장을 찾아 제공할 수 있다. 예를 들어, "오른편 뺨을 치거든 왼편도 돌려 대며"(마태복음 5:39)에 대한 연구에서 당시 문화적 배경이 중요한 의미를 지닌다는 것을 알게 되었다면, Chat GPT에 이를 설명하고 추가 자료나 주장을 요청할 수 있다. 이 과정은 직접적인 답변이 아닐지라도 사고를 확장하고 설교 내용을 풍부하게 만드는 데 기여할 수 있다.

Chat GPT를 효과적으로 활용하기 위해 수량을 명시하는 것이 좋다. 예를 들어, "근거 구절 찾아줘"보다 "근거 구절 10개 찾아줘"와 같이 구체적으로 요청하면 결과의 질이 향상된다. 또한, 주제나 주장을 명확히 설정하고 AI에게 구체적으로 전달할수록 더 유의미한 결과를 얻을 수 있다. 최종적으로 설교 준비 과정에서 Chat GPT는 보조적 도구로 활용되어야 하며, 목회자의 신학적 판단과 깊이 있는 연구를 통해 설교 본연의 본질을 강화하는 데 사용되어야 한다.

제6장

AI 활용의 실천적 대안

:AI와 목회

제1절

Chat GPT를 활용한 설교 사례 분석

1. 같은 본문 세 가지 형식의 설교 사례: 창세기 18:22-33

창세기 18:22-33은 강해설교, 주제설교, 이야기식 설교라는 세 가지 설교 방식에 모두 활용될 수 있는 깊이와 유연성을 가진 본문이다. 이 본문으로 AI를 통해 설교를 작성해보는 것은 설교 준비의 새로운 가능성과 도전을 제시하며, 목회자의 역할과 AI의 보조적 역할에 대한 의미를 다시 생각하게 만든다. 논자는 이 본문으로 Chat GPT에게 세 가지 형식의 설교문 작성을 요청하며, 각각의 설교가 성경 본문의 의미를 얼마나 충실히 살렸는지를 평가했다.

[필자의 질문]

"창세기 18:22-33의 성경본문을 가지고, 설교의 세 가지 형식인 강해설교, 주제 설교, 이야기 설교를 작성해줘. 특히, 성경 본문의 의미를 잘 살려서 각각의 설교문을 작성해줘"

이에 대해 Chat GPT가 작성한 설교는 다음과 같다.[1]

(1) 강해설교: "아브라함의 중보 기도와 하나님의 정의"

[서론]

오늘 본문은 하나님과 아브라함의 대화를 통해 하나님의 정의와 자비를 깊이 이해할 수 있는 기회를 제공합니다. 아브라함은 소돔과 고모라의 멸망을 앞두고 하나님께 간구하며 의로운 자의 구원을 위해 중보자로 나섭니다. 이 장면은 하나님의 공의와 자비가 어떻게 조화를 이루는지, 그리고 중보 기도의 중요성을 잘 보여줍니다.

---

1 Chat GPT가 작성해 준 설교문 그대로 기록한 것이다.

[본론: 3대지]

첫째, 하나님의 공의와 죄의 심각성

하나님께서는 소돔과 고모라의 죄악이 극심하다는 보고를 들으시고, 직접 상황을 확인하러 내려가십니다(22-23절). 이는 하나님의 정의가 죄악을 반드시 심판하시는 분임을 보여줍니다. 죄를 심판하시는 하나님의 공의는 결코 변하지 않으며, 오늘날 우리도 이러한 공의 앞에 서야 함을 상기시킵니다.

둘째, 아브라함의 중보기도

아브라함은 하나님께 가까이 나아가 간절히 간구합니다(23-25절). 그의 기도는 단순한 요청이 아니라, 하나님의 성품에 근거한 담대한 믿음의 표현입니다. 그는 "의인을 악인과 함께 멸하지 않으시겠습니까?"라고 묻고, 하나님의 정의와 자비를 신뢰하며 점진적으로 간청의 범위를 좁혀갑니다(50명에서 10명까지).

셋째, 하나님의 자비와 인내

하나님은 아브라함의 기도를 인내하며 들으시고, 의인 10명만 있어도 도시를 구원하겠다고 약속하십니다(32-33절). 이는 하나님의 자비가 죄악을 심판하시려는 정의와 균형을 이루고 있음을 보여줍니다. 또한, 하나님은 중보자의 기도에 기쁘게 응답하시는 분이십니다.

[결론]

아브라함의 기도는 우리가 하나님께 나아가 간구할 수 있는 특권을 보여줍니다. 우리는 의인의 중보자로 오신 예수 그리스도를 통해 하나님의 정의와 자비를 온전히 경험합니다. 하나님의 뜻과 성품을 신뢰하며 기도하는 우리가 되기를 바랍니다.

(2) 주제 설교: "중보 기도의 힘"

[서론]

기도는 단순히 우리의 필요를 하나님께 전달하는 수단이 아닙니다. 오늘 본문에서 아브라함은 소돔과 고모라를 위해 중보 기도를 드리며, 한 사람의 기도가 어떻게 세상에 변화를 가져올 수 있는지를 보여줍니다.

[본론: 3대지]

첫째, 중보 기도는 하나님과의 깊은 대화입니다.

아브라함은 하나님과의 대화를 통해 소돔과 고모라의 운명을 놓고 간구합니다. 그는 하나님의 성품, 특히 공의와 자비에 근거하여 담대히 요청합니다. 이처럼 중보 기도는 하나님과의 친밀한 관계에서 시작됩니다.

둘째, 중보 기도는 하나님의 성품을 신뢰합니다.

아브라함은 하나님의 정의와 자비를 믿었기에 간구할 수 있었습니다. 우리는 중보 기도를 통해 하나님께서 선하신 뜻을 이루실 것임을 신뢰할 수 있습니다. 또한, 중보 기도는 우리가 하나님의 성품을 더 깊이 이해하게 만듭니다.

셋째, 중보 기도는 세상을 변화시킵니다.

아브라함의 기도는 도시 전체를 위한 간구였습니다. 이는 한 사람의 기도가 공동체와 세상을 변화시킬 수 있음을 보여줍니다. 오늘날 우리도 가족, 교회, 그리고 나라를 위해 중보자로 나설 때 하나님께서 일하실 것을 믿어야 합니다.

[결론]

오늘 우리는 아브라함처럼 담대히 중보 기도에 나서야 합니다. 우리의 기도를 통해 하나님의 뜻이 이루어지고, 세상이 변화될 수 있음을 믿으며, 중보자의 자리에서 책임감 있게 기도하는 성도가 되기를 바랍니다.

(3) 이야기 설교: "하나님과 아브라함의 대화"

[서론]

한밤중, 한 노인이 하나님과 대화를 나눕니다. 그는 자신의 가족과 도시를 위해 간절히 간구합니다. 하나님께서는 그의 말을 인내하며 들으시고, 그의 기도에 응답하십니다. 오늘 본문은 하나님과 아브라함 사이의 특별한 대화를 통해 기도와 하나님의 성품을 깊이 배울 수 있는 기회를 제공합니다.

[본문 이야기]

아브라함은 하나님께 나아가 간절히 묻습니다.

"하나님, 만약 의인 50명이 있다면 그 도시를 구원하시겠습니까?"

하나님은 인내하며 대답하십니다. "그래, 50명이 있다면 내가 그 도시를 구원하겠다." 아브라함은 다시 묻습니다. "혹시 45명이라면요? 40명이라면요?…"

이렇게 숫자는 점점 줄어들고, 결국 10명까지 이릅니다. 이 대화는 단순히 숫자를 줄이는 협상이 아니라, 하나님의 자비를 구하는 아브라함의 간절한 기도였습니다.

[메시지]

아브라함은 하나님을 신뢰했기에 담대히 간구할 수 있었습니다.

하나님은 아브라함의 기도를 인내하며 들으셨고, 그의 요청에 응답하셨습니다. 이 이야기는 우리가 하나님께 간구할 때, 하나님께서 우리의 기도를 들으시며 응답하심을 보여줍니다.

[결론]

우리도 아브라함처럼 하나님께 나아가 간절히 기도해야 합니다. 가족, 친구, 심지어 도시와 나라를 위해 기도하며 하나님과 대화를 이어가길 바랍니다. 하나님께서 우리의 중보 기도를 들으시고, 응답하실 것입니다.

2. 다른 본문 동일한 주제 설교 사례: 예수님의 부활

[필자의 질문]

예수님의 부활이라는 주제로 마태복음 28:5-6, 요한복음 11:25-26의 본문으로 각각의 주제설교문을 작성해줘

(1) 주제설교 1

제목: "두려움 대신 기쁨으로 부활의 증인이 되라"

본문: 마태복음 28:5-6

사랑하는 성도 여러분, 오늘 우리는 예수님의 부활에 대해 깊이 묵상하려고 합니다. 부활은 기독교 신앙의 핵심이며, 우리 삶의 모든 문제에 대한 하나님의 궁극적인 해답입니다. 마태복음 28장에서 천사가 무덤을 찾은 여인들에게 전한 말씀은 부활 사건의 본질과 우리의 믿음이 어떻게 변화해야 하는지를 잘 보여줍니다. 먼저 본문을 다시 읽어보겠습니다.

> "천사가 여자들에게 말하여 이르되 두려워하지 말라 너희가 십자가에 못 박히신 예수를 찾는 줄을 내가 아노라 그가 여기 계시지 않고 그가 말씀하시던 대로 살아나셨느니라 와서 그가 누우셨던 곳을 보라."(마태복음 28:5-6)

1. 두려움에서 기쁨으로

부활 사건은 두려움 속에 있던 여인들에게 기쁨과 소망을 가져다주었습니다. 천사는 "두려워하지 말라"고 말하며 부활의 메시지를 전했습니다. 이 말씀은 당시 여인들뿐만 아니라 오늘날 우리에게도 동일하게 주어집니다. 우리 삶에는 종종 무서움과 불확실성이 찾아옵니다. 그러나 예수님의 부활은 우리의 두려움을 기쁨으로 바꾸는 능력입니다. 그리스도께서 죽음을 이기셨다면, 우리 삶의 어떤 문제도 하나님의 능력 안에서는 해결될 수 있다는 소망을 가지십시오.

2. 빈 무덤이 전하는 증거

천사는 여인들에게 "와서 그가 누우셨던 곳을 보라"고 초청합니다. 빈 무덤은 예수님의 부활을 확증하는 강력한 증거입니다. 당시 유대 지도자들은 예수님의 시신을 훔쳤다는 소문을 퍼뜨렸지만, 무덤이 빈 이유는 명백합니다. 이는 예수님께서 죽음의 권세를 깨뜨리고 부활하셨기 때문입니다. 오늘날 우리는 빈 무덤을 통해 예수님께서 말씀하신 모든 약속이 진리임을 확신할 수 있습니다.

3. 부활의 증인으로 부르심

천사는 여인들에게 부활의 소식을 제자들에게 전하라고 명령합니다. "속히 가서 그의 제자들에게 이르되 그가 죽은 자 가운데서 살아나셨고 너희보다 먼저 갈릴리로 가시나니 거기서 너희가 뵈리라"(마태복음 28:7). 부활의 증인은 단지 예수님께서 살아나셨다는 사실을 아는 것에서 멈추지 않습니다. 부활의 기쁨과 소망을 세상에 전하는 사명을 감당해야 합니다. 우리도 마찬가지로 부활의 기쁜 소식을 전하는 증인이 되어야 합니다. 직장에서, 가정에서, 그리고 공동체 안에서 예수님의 부활이 주는 소망을 나누는 삶을 살아갑시다.

결론적으로, 예수님의 부활은 두려움을 기쁨으로, 절망을 소망으로 바꾸는 사건입니다. 오늘 이 말씀을 마음에 새기고, 부활의 증인으로 살아가길 주님의 이름으로 축원합니다.

(2) 주제설교 2

제목: "나는 부활이요 생명이니"

본문: 요한복음 11:25-26

사랑하는 성도 여러분, 오늘 우리는 예수님께서 "나는 부활이요 생명"이라고 말씀하신 요한복음의 장면을 묵상하려고 합니다. 이 말씀은 마르다와 나사로의 이야기 속에서 선포되었으며, 우리의 삶에 깊은 영적 진리를 전해줍니다.

예수님께서는 나사로의 죽음을 슬퍼하는 마르다에게 이렇게 말씀하십니다. "나는 부활이요 생명이니 나를 믿는 자는 죽어도 살겠고 무릇 살아서 나를 믿는 자는 영원히 죽지 아니하리니 이것을 네가 믿느냐?"(요한복음 11:25-26)

1. 부활이신 예수님

예수님은 단지 부활을 행하시는 분이 아니라, 부활 그 자체이십니다. 이 말씀은 단순히 죽은 나사로를 살리시는 능력을 보여주시는 데 그치지 않고, 예수님 안에 있는 생명의 본질을 선포하신 것입니다. 부활은 과거의 사건이 아니며, 단순히 미래에만 이루어질 소망이 아닙니다. 예수님을 믿는 자에게는 지금 이 순간에도 부활의 생명이 임합니다.

2. 믿음의 도전

예수님께서는 마르다에게 "이것을 네가 믿느냐?"라고 물으십니다. 이 질문은 마르다에게만 주어진 것이 아닙니다. 예수님의 부활의 능력을 믿는다는 것은 단순히 머리로 아는 것이 아니라, 삶으로 고백하는 것입니다. 우리 삶에서 여러 가지 어려움과 시험이 닥칠 때, 예수님께서 부활과 생명임을 믿는 믿음으로 나아가야 합니다.

3. 죽음 너머의 소망

예수님께서는 "나를 믿는 자는 죽어도 살겠고 무릇 살아서 나를 믿는 자는 영원히 죽지 아니하리니"라고 말씀하셨습니다. 이 말씀은 우리가 육신의 죽음을 맞이하더라도, 예수님 안에 있는 영생의 소망이 우리를 기다리고 있음을 확신시켜줍니다. 또한, 이 땅에서 살아가는 동안에도 예수님께서 주시는 생명의 풍성함을 누릴 수 있음을 약속하십니다.

4. 부활의 능력을 경험하라

마르다는 나사로의 죽음을 애도하며 슬픔에 잠겨 있었지만, 예수님께서 그를 다시 살리시는 사건을 통해 부활의 능력을 직접 경험하게 됩니다. 우리도 종종 슬픔과 절망 속에 빠질 때가 있습니다. 그러나 예수님께서는 우리를 부활의 능력으로 일으키시며, 삶의 모든 영역에서 새로운 희망을 주십니다.

결론적으로, 예수님은 우리의 부활과 생명 되십니다. 오늘 이 진리를 마음에 새기고, 죽음 너머의 소망을 붙들며 부활의 능력을 경험하는 삶을 살아가길 주님의 이름으로 축원합니다. "나는 부활이요 생명이니"라는 주님의 선포가 우리의 믿음과 삶을 새롭게 하기를 기도합니다. 아멘.

3. Chat GPT 설교 작성의 시사점과 의의

3.1. 같은 본문 세 가지 형식의 설교

창세기 18:22-33은 강해설교, 주제설교, 이야기식 설교라는 세 가지 설교 방식 모두에 적용할 수 있는 풍부함과 유연성을 가진 본문이다. 이 본문을 AI에게 설교 작성 요청을 하는 것은 단순히 설교 준비의 효율성을 높이는 것을 넘어, 설교 작성 과정에서 새로운 가능성과 도전을 제시하며, 목회자의 역할과 AI의 보조적 기능을 새롭게 정립하는 데 중요한 의미를 갖는다.

첫 번째로, 창세기 18:22-33은 하나님의 공의와 자비, 중보 기도의 중요성, 그리고 인간과 하나님 사이의 관계라는 신학적 주제를 내포하고 있다. 강해설교로는 본문의 구조와 신학적 의미를 체계적으로 풀어낼 수 있다. 주제설교를 통해 중보기도와 하나님의 정의, 자비 등 특정 신앙 주제를 깊이 탐구할 수 있다. 이야기식 설교로는 하나님과 아브라함의 대화를 성도들이 쉽게 공감할 수 있는 방식으로 전달할 수 있다. 이러한 점에서 Chat GPT는 다양한 설교 형식에 맞춰 설교문 초안을 작성하거나 아이디어를 제공함으로써, 목회자가 창의적으로 접근할 수 있도록 돕는 유용한 도구로 기능할 수 있음을 보여준다.

두 번째로, AI를 활용한 설교 작성은 단순히 시간을 절약하는 데 그치지 않고, 설교 준비 과정에서 목회자의 사고를 확장하고 새로운 관점을 발견할 수 있는 기회를 제공한다. 예를 들어, AI가 작성한 초안을 검토하고 수정하는 과정을 통해 목회자는 본문의 의미를 더 깊이 탐구할 수 있다. 또한, 다양한 설교 형식을 비교하면서 청중의 상황과 필요에 적합한 전달 방식을 선택할 수 있다. 이러한 과정을 통해 목회자는 설교 작성의 본질적 의미를 재발견하며, 단순한 지식 전달자가 아니라, 성경적 메시지를 깊이 묵상하고 성도들과 공유하는 사역자로서의 역할을 다할 수 있다.

3.2. 같은 주제 다른 본문의 설교: 예수님의 부활

같은 주제를 다루면서도 다양한 본문을 활용한 설교는 성도들에게 풍성한 신앙적 통찰을 제공할 수 있다. 마태복음 28:5-6과 요한복음 11:25-26은 각각 부활을 다른 관점에서 조명한다. 마태복음은 부활의 역사성과 증거, 그리고 증인의 사명을 강조한다. 빈 무덤과 천사의 메시지는 성도들에게 부활이 단순한 사건이 아니라 실재하는 믿음의 기초임을 일깨운다. 반면 요한복음은 부활과 생명이신 예수님의 현재적 능력에 초점을 맞춘다. 이 본문은 부활이 미래에 이루어질 소망일 뿐 아니라, 지금 우리의 삶 속에서도 경험될 수 있는 능력임을 전한다.

이 두 본문은 신앙의 깊이를 더할 뿐만 아니라, 서로 보완적인 역할을 한다. 한 본문이 역사적 사건에 초점을 맞춘다면, 다른 본문은 부활이 우리의 삶 속에서 어떻게 실제로 나타날 수 있는

지를 가르친다. 이를 통해 성도들은 부활이 과거와 미래의 사건을 넘어 현재의 삶에서도 의미를 지닌다는 사실을 깨닫게 된다.

또한, 다양한 성도의 상황에 맞춘 메시지를 제공할 수 있다는 점에서도 의의가 크다. 마태복음의 설교는 불확실성과 두려움에 직면한 성도들에게 소망과 용기를 준다. 반면 요한복음의 설교는 믿음의 본질에 대한 질문을 던지며, 부활의 능력을 현재의 삶에서 경험하도록 도전한다. 이러한 메시지는 성도들의 다양한 신앙적, 정서적 필요를 충족시킬 수 있다.

더 나아가 성경의 여러 본문을 활용함으로써, 성도들은 성경이 제시하는 다층적인 메시지와 풍성함을 이해할 수 있다. 단일한 본문에 의존하기보다, 성경의 조화로운 관점을 제시함으로써 성도들의 신앙과 묵상의 깊이를 더할 수 있다.

마지막으로, 설교자는 다양한 본문을 활용함으로써 자신의 신학적 깊이와 창의성을 강화할 수 있다. 이는 설교자에게 성경의 메시지를 체계적으로 연결하고 전달하는 능력을 키우는 동시에, 성도들에게 새로운 통찰을 제공하는 데 기여한다.

결론적으로, 같은 주제로 다른 본문을 활용한 설교 작성은 성경의 풍요로움을 드러내고, 성도들에게 더 다면적인 메시지를 전달하며, 목회적 사역의 깊이를 더하는 중요한 역할을 한다. Chat GPT를 활용한 설교 작성은 이러한 과정을 지원하는 도구로서, 목회자의 사역을 보다 창의적이고 효과적으로 돕는 데 유용하게 사용될 수 있다.

제2절

AI 활용과 목회,
Chat GPT와 설교

AI를 목회에 실천적으로 활용하는 데 있어 여러 신학적 논점이 제기될 수 있다. 예배와 설교에 AI를 접목하는 것이 타당한가? 예배와 설교의 본질은 무엇인가? 참여자는 누구인가? 이러한 질문은 AI 기술의 급격한 확산과 이에 따른 예배 형식의 변화, 성도의 참여 방식, 설교자의 역할 변화와 밀접한 관련이 있다. 그럼에도 불구하고, AI 시대의 도래는 피할 수 없는 현실이며, 이와 관련된 실천적 대안을 모색하는 것이 필요하다.

먼저, AI 활용의 실천적 대안을 논함에 있어 예배와 설교의 본질과 정체성을 다시 한번 생각해볼 필요가 있다. 예배와 설교는 본질적으로 영적인 행위이다. 참여자인 성도와 설교자는 모두 영적인 존재로, 하나님의 말씀과 교제를 통해 신앙적 성숙을 추구한다.[2] 반면 AI는 빅데이터와 딥러닝을 기반으로 작동하는 기계적 실체로, 영적 요소가 없는 비인격적 도구이다. 이러한 차이는 유신론적 세계관과 유물론적 세계관의 차이로 이어지며, AI를 목회에 적용하는 데 있어 신학적 논점으로 대두될 수밖에 없다.

그럼에도 불구하고, AI 기술의 발전과 목회환경의 변화는 AI를 활용한 실천적 대안을 모색해야 하는 현실을 더욱 강화시키고 있다. 특히, 2024년 이후 범용인공지능(AGI)의 등장은 목회자들로 하여금 AI 활용의 가능성과 한계에 대해 깊이 고민하도록 만들고 있다. 일부에서는 초지능 AI가 전지전능하신 하나님의 존재를 위협할 가능성을 우려하기도 하지만,[3] 하나님의 말씀이 영원하며(이사야 40:8) AI 역시 하나님의 역사하심의 일부로 이해할 수 있다는 관점도 존재한다.

AI는 시간적, 공간적 제약을 넘어설 수 있는 도구로, 전통적 예배와 설교 형식을 확장하고 신앙교육이나 상담에서도 유용하게 활용될 수 있다. 이를 통해 하나님의 말씀을 전파하는 새로운 방법을 제공하고, 성도들이 더욱 가까이에서 하나님의 말씀을 접할 수 있는 환경을 만들 수 있다. 고린도후서 12장 10절

---

2 김병석, "인간 지능(AI) 시대, 교회 공동체 설립요건 연구: 예배와 설교의 가능성을 중심으로", 「복음과 실천신학」40 (2016), 10.

3 조성돈, "4차 산업 시대의 목회", 「제67회 한국실천신학 정기학술대회」(2018): 184.

의 말씀처럼, 약함 속에서 강함을 발견할 수 있는 기회로 AI를 활용할 수 있다는 시각도 있다. AI는 목회자와 성도 간의 접촉 가능성을 높이고, 공동체의 유대감을 강화하는 데 기여할 수 있다.

AI는 인간과는 달리 영혼이 없는 존재이며, 도덕적 또는 영적 정체성을 가지지 않는다. AI가 제공하는 성경 말씀이나 정보는 영적 체험을 전달하기보다는 참고자료나 도구로서의 역할에 국한된다. 이러한 점에서 AI는 인간의 한계를 보완하는 일반은총의 한 산물로 이해될 수 있다. 그럼에도 AI 기술이 목회환경과 신앙공동체에 미치는 영향은 점점 확대될 것이며, AI 활용의 실천적 대안을 모색하는 것은 목회 현장에서 피할 수 없는 과제가 되고 있다.

결론적으로, AI는 목회자와 성도 모두에게 새로운 가능성과 도전을 제공한다. 그러나 그 본질과 역할에 대한 명확한 이해를 바탕으로, AI를 신앙적이고 윤리적으로 활용할 수 있는 방법을 찾는 것이 중요하다. AI는 영적 존재가 아닌 도구로서, 하나님의 말씀을 더욱 효과적으로 전달하는 데 기여할 수 있으며, 이는 하나님의 섭리 안에서 이해될 수 있다. AI 시대에 목회자들은 기술의 한계를 인지하면서도 이를 창의적으로 활용해 하나님의 말씀을 전파하고 공동체를 강화하는 데 힘써야 할 것이다.

1. 예배와 관련된 AI 활용의 실천적 대안

예배는 하나님과의 만남이며, 하나님과 교제하고 그분의 말씀을 삶에 적용하는 중요한 시간이다. 또한, 용서와 긍휼, 사랑과 은혜를 체험하는 특별한 예식이기도 하다. 교회의 최고 사명은 예배를 드리는 것이며, 하나님께서 가장 기뻐하시는 일도 바로 이 예배이다. 이 점에서 예배를 경건하게 인도하는 것은 목회자의 중요한 사명이다.

초기 기독교 예배의 형성과 발전을 이해하기 위해서는 유대교의 전통, 예수님의 경건 생활, 그리고 그분의 예배에 대한 태도를 살펴보는 것이 필요하다.[4] 기독교 예배는 계시와 응답이라는 두 가지 측면으로 구성되며, 이는 하나님과의 만남을 전제로 이루어진다. 예수님은 예루살렘 성전에서 예배드리기를 고집하지 않고 거리에서 사람들과 함께 예배드렸다. 예수님께서는 성전을 '하나님의 집'(누가복음 6:4), '내 아버지의 집'(요한복음 2:16)으로 표현하며 긍정적으로 보셨지만, 성전 예배만을 고집하지 않았다. 이는 예배 장소와 형식의 자유를 보여준다.

우리나라 교회는 대규모화와 성장 속에서 예배가 규격화되고 형식화되는 경향을 보였다. 그러나 AI 시대가 도래하며, 전통

---

4 윌리엄 W. 심프슨 『유대인의 예배와 기도』, 류재영 역(서울: 예본출판사, 1999).

적 예배 형식과 새로운 예배 방식 간에 변화와 갈등이 나타나고 있다. 특히, 생성형 AI의 등장은 예배와 목회 현장에 큰 변화를 가져올 가능성을 제기한다. AI는 참신한 콘텐츠 제작과 같은 긍정적인 역할을 할 수 있으나, 이를 활용할 때에는 신학적 기준과 윤리적 고민이 반드시 따라야 한다.

AI 기술은 예배 준비와 진행에 여러 면에서 혁신을 가져올 수 있다.[5] 예배와 관련된 AI 활용의 실천적 대안을 살펴보면 다음과 같은 방법들이 있다.[6]

1. 예배 순서를 계획하고 찬송가 및 성경 구절을 준비하는 데 활용한다.
2. 특정 상황이나 주제에 맞는 기도문을 작성하고 조언을 제공한다.
3. 기도와 영적 성장을 돕는 자료나 아이디어를 제시한다.
4. 특정 찬송가의 가사나 관련 정보를 제공한다.
5. 중보 기도 요청 내용을 공유하고, 기도 커뮤니티의 아이디어를 제공한다.

---

5 바른 신학 균형 세미나, "인공지능, 어떻게 목회에 활용하고 대응할 것인가?", 2024. 05. 23.

6 옥장흠, "인공지능 챗 GPT의 교육목회에 효육적인 활용방안", 「기독교 교육논총」 78(2024): 58-84.

이와 같은 AI 활용 방안을 구체적으로 적용할 수 있는 실천적 대안을 정리하면 다음과 같다.

- AI를 활용해 예배 준비에 필요한 자료(성경 구절, 찬송가 등)를 수집하고 정리하여 목회자가 예배를 효율적으로 준비할 수 있도록 돕는다.
- 성도들이 실시간으로 기도를 요청하거나 찬양을 선택할 수 있는 참여형 예배 플랫폼을 구축한다.
- AI를 통해 예배 후 피드백 시스템을 만들어 성도들의 의견을 분석하고 예배의 질을 개선하는 데 활용한다.
- 전통적 찬송가와 현대적 음악을 조화롭게 사용하거나 다양한 주제를 다룬 예배를 계획하여 성도들의 반응을 분석한다.
- 성도와 함께 예배 준비를 돕는 AI 기반 교육 프로그램을 개발해 예배의 중요성을 배우고 효과적으로 참여할 수 있도록 지원한다.

소셜 미디어를 통해 예배 내용을 실시간 공유하고, 성도들이 예배를 통해 경험한 것을 나누며 영적 성장을 도울 수 있는 온라인 커뮤니티를 형성한다.

표 4 전통예배와 AI 친화 예배 비교

요소	전통적 예배	AI 친화 예배
형식	고전적 순서와 전통적 찬송가	다양한 형식과 음악 장르의 혼합
참여 형태	목회자 중심의 예배	성도참여 중심의 예배
기술 활용	최소한의 기술 활용	미디어, 조명, 음향 등 다양한 기술의 적극적 활용
교육적 요소	설교 중심의 교육	다양한 활동 (토론, 워크숍, 미디어 등을 통한 교육)

이러한 방안은 예배와 AI의 조화를 통해 새로운 시대의 목회적 과제를 해결하는 데 기여할 수 있다. AI를 활용해 예배를 준비하고 진행하면서도 예배의 본질을 잊지 않는 것이 중요하다. 예배는 단순히 형식적인 행위가 아니라, 영과 진리로 드리는 하나님을 향한 진정한 사랑과 경배이다. 요한복음 4장 24절에서 "하나님은 영이시니 예배하는 자가 영과 진리로 예배할지니라"고 말씀하셨듯이, AI 시대에도 예배는 하나님과의 깊은 교제와 사랑을 바탕으로 해야 한다.

AI를 활용한 예배는 365일 예배 중심의 삶을 실천하는 데 도움을 줄 수 있다. 이는 AI가 단순한 도구를 넘어, 성도들이 더욱 적극적으로 예배를 통해 하나님께 나아가는 통로로 기능할 수 있음을 보여준다. AI 시대의 예배는 단순한 형식의 변화가 아니라, 신앙 공동체의 본질과 영적 성숙을 깊이 고민하며 발전하는 기회가 되어야 한다.

2. 설교 관련 AI 활용의 실천적 대안

생성형 인공지능의 등장과 기술의 발전으로 인해, 신학적·목회적 타당성을 논의하는 것만으로는 현재의 변화된 목회환경을 충분히 설명하거나 대응할 수 없는 상황이 되었다. 교회와 목회자는 AI 기술을 단순히 부정하거나 배척하기보다는, 이를 하나님의 뜻에 부합하는 방식으로 수용하고 활용할 수 있는 지혜로운 자세를 가져야 한다. 특히, 설교에서 AI 활용이 증가하고 있는 현실을 고려할 때, AI를 설교 준비와 작성 과정에서 어떻게 실천적으로 사용할 수 있을지 모색하는 일이 중요한 과제가 되고 있다.

AI는 설교 준비의 여러 단계에서 유용한 도구로 활용될 수 있다. 설교 개요 작성, 자료 수집, 성경 원어 분석, 주석 검색, 문맥 분석 등에서 실질적인 도움을 줄 수 있다. 물론, 본문 선택, 주석적 아이디어 도출, 설교의 목적 설정 등은 설교자의 영적 감수성과 회중에 대한 이해를 기반으로 이루어져야 하지만, 일부 작업에서는 AI의 도움을 받는 것이 실천적인 대안이 될 수 있다.

AI는 설교의 배경 연구, 역사적 맥락 파악, 주제별 자료 수집 등을 통해 설교의 깊이를 더할 수 있는 도구로 활용될 수 있다. 그러나 무엇보다 중요한 것은 목회자의 영적 통찰과 하나님과의 관계이다. 인간 설교자의 한계와 불완전성은 회중과의 공감대를 형성하고, 하나님께 의존할 수밖에 없다는 사실을 깨닫게 한다. AI가 완전성을 추구하며 상황 윤리를 기반으로 설교 자료를 제공할 수 있지만, 이는 하나님의 신비를 온전히 대체할 수 없다.[7] 따라서 AI는 목회자의 보조 도구로서, 설교 준비와 실행에 적절히 활용되어야 한다.

AI 활용 설교의 실천적 대안

1. **AI를 통한 주제별 자료 수집과 설교 구성**
   - AI를 사용하여 특정 주제와 관련된 자료를 수집하고, 성경 구절, 주석, 역사적 배경을 분석하여 설교 초안을 작성할 수 있다. 이를 통해 목회자는 보다 체계적이고 풍성한 내용을 구성할 수 있다.

2. **청중 데이터를 활용한 설교 준비**
   - AI를 활용하여 교회의 회중 데이터를 분석함으로써, 청중의 관심과 필요를 파악할 수 있다. 이를 통해 회중의 삶과 상황에 맞는 설교를 준비할 수 있다.

---

7 김병석, "인공지능(AI) 시대, 예배 공동체 설교의 자리는 어디에 있는가?", 「신학과 실천」49 (2016): 179.

3. 설문 조사와 피드백 활용

- 설문 조사와 예배 피드백을 분석하여 회중의 관심사를 파악하고 이를 바탕으로 설교를 개선할 수 있다. 또한, 성도들과의 소통을 강화할 방안을 마련할 수 있다.

4. AI 기반 설교 훈련 프로그램 개발

- AI를 활용하여 설교 준비 기술과 방법을 학습할 수 있는 교육 프로그램을 개발하고, 설교 구조, 내용, 전달 방식을 개선할 수 있는 자료로 활용한다.

5. AI 자료의 신학적 검토와 활용

- AI가 제공하는 정보와 자료는 성경적 진리에 비추어 검토한 후, 신앙 공동체의 가치와 일치하는 방식으로 활용해야 한다.

AI 기술은 설교 준비에 큰 도움을 줄 수 있지만, 설교의 본질은 성령의 인도하심과 하나님의 능력에 달려 있음을 명심해야 한다. 고린도전서 2장 4-5절에서 바울이 전한 것처럼, 설교는 사람의 지혜가 아닌 하나님의 능력에 기초해야 한다. 또한, 마태복음 28장 19-20절에서 예수님께서 제자들에게 명하신 말씀처럼, 설교는 하나님의 말씀을 가르치고 성령의 인도하심에 의존하는 사역이어야 한다.

설교는 단순히 정보를 전달하는 행위가 아니라, 하나님과의 영적 교제를 통해 복음을 선포하고, 성도들에게 변화를 일으키는 선언이다.[8] 이러한 맥락에서 AI는 설교의 핵심을 대체할 수 없는 보조 도구로 인식해야 한다.

AI 시대에도 설교자는 기도와 영적 통찰로 설교를 준비하며, 설교를 통해 하나님께서 말씀하시고 역사하시는 것을 경험해야한다. AI는 설교의 도구로서 사용할 수 있지만, 설교의 본질은 하나님께로부터 비롯된 영적 행위임을 항상 잊지 말아야 할 것이다.

3. 신앙교육 관련 AI 활용의 실천적 대안

AI, 특히 생성형 AI를 신앙교육에 활용하는 방안은 단순히 기독교 교육 방식의 변화에 국한되지 않는다. 이는 Chat GPT와 같은 AI 기술을 교육에 적용할 것인지, 아니면 그 활용을 우려하여 제한할 것인지에 대한 논의와 연결된다. 하지만 기술 변화의 속도와 AI의 급속한 확산을 고려할 때, 이를 간과할 수는 없다. 물론 AI 기술에는 표절, 편향성, 부정확성 등의 한계가 존재

8 위형윤, "설교의 형성과 작성에 관한 신학적 연구", 「신학과 실천」10 (2006): 44.

하지만, 신앙교육의 패러다임 변화와 새로운 가능성을 열어주는 도구임은 분명하다.

신앙교육에서는 신앙 형성 과정, 성도와 교육자의 역할, 교육 환경의 변화, 평가 방식 등을 중심으로 한 실천적 대안이 필요하다. AI 기술의 발전은 기존의 교수법과 학습 방법을 바꾸며, 신앙교육의 새로운 접근법과 도구를 제시하고 있다. 이러한 변화는 교육의 가능성과 한계를 동시에 보여주며, 신앙교육 현장에서 논쟁과 도전을 불러일으키고 있다.

잭 세이모어(Jack L. Seymour)는 기독교 교육에서 학습자 중심 설계, 문제 해결 능력 배양, 사고력 함양, AI 활용 역량 강화라는 네 가지 접근법을 제시했다.[9] 이를 바탕으로 신앙교육의 방식도 기존의 목회자나 교수자 중심의 일방적 전달 체계에서 학습자와 교수자가 상호작용하는 방향으로 전환되고 있다. AI의 도움으로 학습자 개개인의 필요에 맞춘 맞춤형 콘텐츠를 제공할 수 있으며, 성경 공부 또한 AI를 활용해 깊이 있는 이해가 가능한 방향으로 전환되고 있다. AI는 질문과 응답, 토론은 물론 예배 준비 과정에서 말씀 해설, 성경 해석, 신앙교육 자료 생성 등 다양한 영역에서 유용하게 사용될 수 있다.

그러나 이러한 변화는 동시에 몇 가지 우려를 동반한다. 신앙

---

9 잭 세이무어 L, 『기독교 교육의 지도 그리기』, 고용수 역(서울: 한국장로교출판사, 2015), 25.

교육에서 AI 의존이 지나칠 경우 신앙의 기초가 약화될 수 있으며, 성도와 목회자 간의 면대면 역동성이 감소할 가능성도 존재한다. AI의 편리함과 신속성이 오히려 하나님과의 깊은 영적 관계를 약화시키는 요소가 될 수 있다는 점도 고민해야 한다.

AI 활용 신앙교육의 실천적 대안

1. **자료 수집과 정리**

- AI를 활용해 신앙교육에 필요한 자료를 수집하고 체계적으로 정리할 수 있다. 이는 성경 구절, 주제별 강의 내용, 신학적 질문 등에 대한 답변을 자동으로 생성하여 목회자가 심도 있는 자료를 신속히 준비할 수 있도록 돕는다. "내 백성이 지식이 없어 망하는도다"(호 4:6)는 말씀처럼, AI는 방대한 정보를 처리하고 제공하는 도구로 사용할 수 있다.

2. **맞춤형 신앙교육 프로그램 개발**

- AI는 성도 개개인의 신앙 수준과 필요를 분석해 맞춤형 프로그램을 설계할 수 있다. 예를 들어, 성경 읽기 계획을 작성하거나 기도 훈련 프로그램을 제공하며, 신앙 관련 질문에 대한 응답을 체계적으로 준비할 수 있다. 이 과정에서는 "모든 성경은 하나님의 감동으로 된 것으

로 교훈과 책망과 바르게 함과 의로 교육하기에 유익하니…"(딤후 3:16-17)의 가르침에 따라 성경적 권위와 교육적 가치를 우선시해야 한다.

3. 온라인 플랫폼 구축

- AI 기반의 온라인 플랫폼을 활용해 성도들이 신앙교육에 더 쉽게 접근할 수 있도록 지원한다. 게시판, 신앙교육 관련 토론, 동영상 강의, 퀴즈 등 다양한 기법을 통해 성도들의 능동적인 참여를 유도할 수 있다.

4. 신앙교육 세미나와 워크숍

- 정규적, 비정규적 신앙교육 세미나와 워크숍을 통해 다양한 주제를 다루고, AI를 활용해 성경 교육, 영성 개발 훈련 등의 프로그램을 제공하여 성도들이 이를 자유롭게 활용할 수 있도록 지원한다.

5. 교육 효과 평가와 피드백 분석

- 성도들의 피드백을 수집하고 이를 분석하여 신앙교육 프로그램의 효과를 평가하고 개선할 수 있다. 질문지나 온라인 방식으로 피드백을 모으고 AI를 활용해 이를 체계적으로 분석함으로써 더 나은 교육 프로그램을 설계하는 데 활용할 수 있다.

AI는 신앙교육에서 유용한 도구로 사용될 수 있지만, 신앙교육의 본질은 단순히 정보를 전달하거나 학습하는 데 그치지 않는다. 신앙교육은 진리에 근거한 행함이며, 성도들이 삶 속에서 하나님의 말씀을 실천할 수 있도록 돕는 과정이다. AI는 목회자의 역할을 대신할 수 없으며, 성도와 목회자 간의 영적 교류와 하나님의 인도하심이 신앙교육의 핵심임을 항상 염두에 두어야 한다. AI는 보조적인 역할로 활용되며, 신앙교육의 깊이를 더하는 데 기여할 수 있어야 한다.

4. 신앙 상담 관련 AI 활용 실천적 대안

기독교적 관점에서 인간의 심리적, 정서적 문제를 다루는 상담신학에서도 AI를 활용한 실천적 대안을 모색할 수 있다. ChatGPT를 비롯한 AI 기술은 상담 데이터를 분석하여 특정 문제에 대한 신학적 접근 방식을 제안할 수 있는 가능성을 열어준다. 예를 들어, 불안 장애나 우울증과 같은 심리적 문제는 신학적 원리를 바탕으로 한 해결책을 제시하는 데 도움을 줄 수 있다. AI는 신학적, 심리학적, 사회학적 요인들을 통합적으로 분석하여 성도들의 문제를 보다 포괄적으로 이해하고, 이를 통해 목회자가 보다 효과적인 상담을 진행할 수 있도록 지원한다.

그러나 신앙상담은 인간의 영혼과 깊이 연결된 행위로서, 기독교 상담, 성경적 상담, 영성 상담 등에서 강조하는 영적 통찰과 신앙적 연대감을 핵심으로 삼아야 한다. AI는 목회자에게 보조 도구로서 활용될 수 있지만, 상담의 본질은 성경적 진리를 바탕으로 한 목회자의 영적 분별력과 성도와의 신뢰 관계에 있다. AI를 활용한 신앙상담의 실천적 대안은 다음과 같이 정리할 수 있다.

1. **성도들의 신앙적·심리적 문제에 대한 AI 기반 상담 도구 개발**
   - 성도들이 겪는 다양한 신앙적 문제나 심리적 문제(우울증, 불안, 인간 관계 등)에 대해 AI 기반 도구를 활용하여 성경적 원리에 기반한 해결책을 제시할 수 있다. 필요할 경우 목회자와 연결할 수 있는 경로를 제공하여, 성도가 더 깊은 상담을 받을 수 있도록 돕는다.

2. **상담 데이터 분석을 통한 문제 파악**
   - AI를 활용하여 상담 데이터를 분석하고, 성도들에게 공통적으로 나타나는 신앙적 고민과 개별적인 심리적 문제를 파악할 수 있다. 이를 바탕으로 교육 세미나나 워크숍을 통해 성도들에게 문제 해결의 기회를 제공하고, 이를 통한 예방적 상담도 가능하게 한다.

3. 익명성을 보장하는 온라인 상담 플랫폼 구축

- 성도들이 언제든지 익명으로 상담을 요청할 수 있는 온라인 플랫폼을 구축하여 신앙적 문제에 대한 접근성을 높인다. 이를 통해 성도들이 편안하게 자신의 고민을 털어놓고 도움을 받을 수 있는 환경을 제공한다. 이는 "내가 너의 길을 가르치고 너에게 지혜를 주며 나의 눈으로 너를 지도하리라"(시편 32:8)라는 말씀에 따라 신앙적 인도와 지혜를 구현하는 데 기여한다.

4. 목회자와 상담사역자들을 위한 AI 활용 교육과 훈련

- 목회자와 상담사역자들이 AI의 가능성과 한계를 이해하고 이를 신앙 상담에 적절히 활용할 수 있도록 교육과 훈련을 제공한다. AI를 활용한 상담에 대한 윤리적 기준을 학습하여, 신학적 통찰과 윤리적 문제를 사전에 예방할 수 있도록 돕는다. 이는 "너희 중에 누구든지 지혜가 부족하거든 하나님께 구하라"(야고보서 1:25)라는 말씀대로, 지혜롭고 책임감 있는 AI 활용을 지원하는 과정이다.

5. AI를 통한 목회적 돌봄 강화

- AI는 목회자가 데이터 기반 통찰력을 통해 성도 개개인의 신앙적 필요를 식별하고, 더욱 개별화된 목회적 돌봄을 제공할 수 있도록 돕는다. AI를 활용한 분석 결과를

바탕으로 성도들에게 맞춤형 상담과 지도를 제공하며, 신앙 공동체의 영적 성장과 정서적 필요를 충족할 수 있는 기회를 확대한다.

AI를 신앙상담에 활용할 때는 초기 상담이나 데이터 기반 분석에서 AI가 보조 역할을 담당하고, 실질적 상담과 목회적 접근은 목회자가 주도하는 방식이 가장 현명한 접근이다. 이는 AI가 도구로서의 역할을 충실히 수행하도록 하면서도, 상담의 본질인 인간과 하나님과의 관계를 중심에 두는 실천적 대안이라 할 수 있다. AI는 성도들에게 더 나은 상담 경험을 제공하는 데 기여할 수 있지만, 결국 상담의 핵심은 영적인 인도와 신앙적 연대감에 있음을 잊지 않아야 한다.

제7장

결론 및 향후 방향

제1절

요약과 결론

이 책은 4차 산업혁명과 인공지능(AI) 시대에 교회와 목회환경이 변화하는 가운데, 목회자가 감당해야 할 역할과 책임을 논의하는 데 초점을 맞추고 있다. 특히 Chat GPT와 향후 등장할 AGI(Artificial General Intelligence)와 같은 생성형 인공지능의 등장이 예배와 설교에 어떤 영향을 미칠 수 있는지에 대해 깊이 있게 다루며, 목회자의 역할과 태도를 새롭게 정의하고자 했다.

AI는 4차 산업혁명에서 핵심적인 역할을 하는 기술로, 초지능, 초융합, 초연결이라는 특징을 가지고 있다. 가상현실(VR)과 증강현실(AR)이 결합되어 현실과 가상이 융합된 새로운 환경을 만들어내며, 이는 교회와 목회 활동에도 중요한 변화를 가져오고 있다. 이 책에서는 4차 산업혁명의 주요 특징과 Chat GPT가 교회의 설교와 목회 활동에 미치는 영향을 탐구하며, 새로운 목회환경에 적응하기 위한 방안을 모색했다.

먼저, 4차 산업혁명을 인간의 사고 방식과 생활 양식을 변화시키는 융합적 혁명으로 정의하며, 이러한 변화가 기독교 교육과 목회 전반에 미칠 영향을 살펴보았다. 이에 따라 변화하는 시대에 목회자가 준비해야 할 새로운 태도와 역할을 제안하며, 연구의 방향성을 설정했다.

다음으로, AI 시대의 도래가 교회와 성도들에게 가져오는 문화적, 사회적, 신앙적 변화를 분석했다. 특히 Chat GPT가 설교와 신앙교육, 목회 상담 등에 활용될 가능성을 논하며, 이를 통해 목회자가 어떻게 AI를 도구로 삼아 성도들에게 더 나은 신앙적 경험을 제공할 수 있는지 살펴보았다.

책은 또 AI 기술이 교회 예배와 설교에 어떻게 적용될 수 있는지를 사례를 통해 보여준다. Chat GPT를 활용한 설교 초안 작성, 성경 해석 지원, 신앙교육 자료 준비 등 실질적인 활용 방안을 제시하며, AI 기술의 가능성과 한계를 동시에 논의했다. 이와 함께 AI가 인간 목회자가 가진 영적 지도력과 감정적 교감을 대체할 수 없는 한계를 분명히 지적했다.

연구 목적 요약

- 4차 산업혁명과 인공지능 시대가 기존 산업혁명과 어떤 차이가 있는지 분석하고, AI 기술이 가져올 변화의 방향성을

탐구한다.

- AI 기술의 발전이 예배와 설교, 신앙교육을 포함한 목회환경 전반에 미치는 영향을 살펴본다.
- Chat GPT와 같은 생성형 AI를 실제 목회 현장에서 활용할 때 발생할 수 있는 가능성과 한계를 구체적으로 분석한다.
- 설교와 예배에서 AI를 활용할 때 신앙적 쟁점과 목회 윤리, 본질적 정체성을 논의한다.
- AI 시대에 목회자의 역할과 자세를 재정의하며, 목회 활동에서 AI가 지닌 기능적 가능성과 한계를 평가한다.
- Chat GPT와 관련된 목회 활동의 다양한 사례를 소개하고, 이를 통해 AI 기술의 신학적, 실질적 적용 가능성을 탐구한다.
- AI(Chat GPT)와 목회의 미래를 예측하고 새로운 교회의 모습과 목회 활동의 변화를 제시한다.

결론과 시사점

AI는 교회와 목회 활동 전반에 새로운 가능성과 도전을 동시에 제시하고 있다. Chat GPT는 설교와 신앙교육, 상담 등에서 유용한 도구로 활용될 수 있지만, 성도들과의 감정적 교류와 영적 지도력 면에서는 분명한 한계를 가지고 있다. AI는 목회 활동의 보조 수단으로 활용될 수 있으나, 교회의 본질적인 사명을 대신할 수는 없다.

결론적으로, AI 시대의 목회자는 기술의 편리함에 의존하기보다 영적 깊이와 진정성을 가지고 성도들과의 관계를 강화하고, 성경 말씀의 본질을 전하는 데 중점을 두어야 한다. AI 기술을 통해 목회 활동의 효율성을 높이되, 이를 신앙의 본질과 조화롭게 활용하는 지혜가 요구된다.

특히 AI 기술의 진보에 따라 목회의 미래가 변화될 것에 대해 준비할 필요가 있다. 성경 원어 분석, 디지털 선교, AI 영적 코치와 챗봇 신앙 상담, AI 목회자 스타일 분석, 성도의 신앙 여정 분석과 반응 분석, AI 기반 메타버스 교회 확산 등 목회의 미래 변화에 대비한 목회자의 역할과 윤리적 소명 의식 그리고 영적 훈련이 요구된다.

제2절

제언과 향후 방향

AI 시대의 목회환경과 목회자의 역할은 인공지능 기술의 발전 속도와 적용 범위에 큰 영향을 받을 수밖에 없다. 특히, 인공지능 기술이 현재 우리가 예상하는 것보다 더욱 폭넓고 빠르게 발전할 가능성이 높다는 점에서, 교회는 이러한 변화에 대비해 인공지능과의 관계를 신중하게 설정하고 미래를 준비해야 한다.

AI 시대에 교회가 창조주 하나님을 예배하며 그리스도의 복음을 전파하는 사명을 감당하기 위해서는, 하나님의 정의와 사랑을 중심으로 실천 신학적 관점에서 대응 방안을 모색할 필요가 있다. 그러나 현재 인공지능 시대에 대한 신학적 연구와 실천적 대안이 충분히 이루어지지 못한 상황에서, 향후 기술 발전에 대비한 지속적이고 체계적인 연구와 준비가 절실히 요구된다.

특히, AI 기술의 확산과 함께 트랜스휴머니즘 등 신종교적 경향이 등장할 가능성도 있는 만큼, 교회는 이에 대한 신학적 대응 방안을 마련하고 명확한 입장을 세워야 한다. 이러한 필요성을 바탕으로, 본 연구에서 제안하는 주요 후속 연구 및 실천 과제는 다음과 같다.

첫째, AI 시대에 교회와 목회자의 대응 방안에 대한 통합적 연구가 필요하다. 인공지능 기술, 특히 Chat GPT와 같은 생성형 AI의 발전 가능성을 이해하고, 이를 목회 활동에 어떻게 적용할 것인지에 대한 실천 신학적 논의가 요구된다. 이러한 논의는 성경적 세계관을 중심으로, 역사적이고 개혁주의 신학에 기반한 연구를 통해 이루어져야 한다. 이는 "하나님이 영감으로 주신 말씀"(딤후 3:16)과 같은 성경적 가르침을 따라, AI 기술이 하나님의 말씀을 배우고 지키는 도구로 활용되도록 방향을 설정하는 데 기여한다.

둘째, AI 기술의 활용 가능성과 한계에 대한 명확한 입장 정립이 요구된다. 기독교계에서는 AI 기술을 낙관적으로 바라보는 유토피아적 관점과 회의적인 디스토피아적 관점이 공존하고 있다. 그러나 두 입장 모두 극단적인 방향으로 치우칠 가능성이 있어 바람직하지 않다. 목회자는 AI 기술을 하나님의 주권 아래에서 바라보고, 기술의 장단점을 객관적으로 분석하며 균형 잡힌 태도를 가져야 한다.

셋째, AI 시대의 목회환경 변화와 관련해 보다 체계적이고 심층적인 연구가 필요하다. 목회환경 변화에 대한 연구는 단순한 설문조사를 넘어 요인 분석, 통계 기법, 미래 예측 기법 등을 포함한 종합적 접근이 필요하다. 이를 통해 목회환경 변화와 성도들의 신앙적 요구를 더욱 면밀히 이해할 수 있다.

넷째, 목회자의 역할과 자세에 대한 인식 전환이 필요하다. AI 시대에 목회자의 사명은 "구원의 투구와 성령의 검 곧 하나님의 말씀을 가지고"(엡 6:17) 하나님을 섬기는 데 있다. 그러나 동시에 변화하는 환경 속에서 AI 친화적 목회에 대한 열린 자세도 필요하다. 목회자는 성령 안에서 깨어 기도하며(엡 6:18), 예수 그리스도의 가르침에 충실한 목회를 실천할 수 있어야 한다.

다섯째, Chat GPT와 같은 AI 기술의 활용 사례를 중심으로 연구를 확대해야 한다. 현재 AI 기술이 목회 활동에서 어떻게 활용되고 있는지에 대한 사례 중심 분석이 필요하다. 이를 통해 AI 기술이 목회 현장에서 실질적으로 어떤 변화를 가져오고 있는지 평가하고, 이를 목회 활동에 효과적으로 통합할 수 있는 방안을 모색해야 한다.

여섯째, AI 활용 윤리와 목회 윤리 강령을 정립해야 한다.

Chat GPT와 같은 AI는 목회 활동에서 보조적 도구로 활용될 수 있지만, 이는 결코 예배나 설교의 본질을 대체할 수 없다. 따라서 교단 차원에서 AI 활용 윤리 강령을 제정하고, 목회자들이 AI 기술을 올바르게 사용할 수 있도록 교육 프로그램과 자원 센터를 마련해야 한다.

일곱째, 영성을 강화하는 AI 활용 방안을 신중히 검토해야 한다. AI 시대의 목회에서는 설교와 예배의 영성을 강화하는 방안을 모색해야 한다. 이를 위해 AI를 보조 도구로 활용하되, 성도들이 하나님의 말씀과 영적 교감 속에서 진정한 신앙적 성장을 경험할 수 있는 환경을 조성하는 데 중점을 둬야 한다.

결론적으로, AI 시대의 목회환경 변화는 지속적으로 확대될 것이며, 이러한 변화에 대비한 신학적 연구와 목회적 준비가 필요하다. 목회자는 성경적 세계관에 기반한 명확한 입장을 바탕으로, AI 기술을 목회 활동에 통합하며 성도들의 신앙적 필요를 충족시키고 영적 성숙을 도모해야 할 것이다. AI는 목회환경에서 유용한 도구로 사용될 수 있지만, 교회의 본질과 목적은 여전히 하나님의 말씀과 성령의 역사에 달려 있음을 잊지 말아야 한다.

참고문헌

강석기. 『생명과학의 기원을 찾아서: 28인의 과학자, 생물학의 지평을 넓히다』. 서울: MID, 2018.

고인석. "아시모프의 로봇 3법칙 다시보기-윤리적인 로봇 만들기." 「철학연구」 93 (2011): 97-120.

권문상. "4차 산업혁명 시대와 기독교 인간론: 인공지능을 이기는 공동체적 인간성." 「조직신학연구」 30 (2018): 112-147.

권성수. 『성령설교』. 서울: 국제제자훈련원, 2009.

김광연. "트랜스 휴머니즘과 인간 양식의 변화에 나타난 윤리적 문제들: 인공 지능시대에 삶 의미 정성과 유한성이 주는 가치." 「한국개혁신학」 54 (2017):135-164.

김길성. "교회의 기원과 본질에 대한 연구", 「신학지남」 75/3 (2008): 32-59.

김난도 외. 『트렌드 코리아 2023: 더 높이 도약을 준비하는 검은 토끼의해』. 서울: 미래의 창, 2023.
김남호. "의식은 신비로운 불꽃인가", 『뇌과학과 기독교 신앙』. 서울: IP, 2016, 88-105.
김덕수. 『삶의 변화를 일으키는 귀납적 강해설교』. 서울: 도서출판 대서, 2010.
김동환. "AI(인공지능)에 대한 신학적 담론의 형성 및 방향 모색." 「신학연구」 68 (2016): 35-60.
김두현. 『미래교회 Church planting』. 경기: 21C 목회연구소, 2016.
김병석. "급변하는 사회, 4차 산업혁명 인공지능(AI)시대의 예배와 설교의 위치." 「신학과 실천」 59 (2024): 153-182.
______. "인공지능(AL) 시대, 예배 공동체 설교의 자리는 어디에 있는가?." 「신학과 실천」 49 (2016): 159-184
______. "인공지능(ALD) 시대, 교회 공동체 성립요건 연구: 예배와 설교 가능성을 중심으로." 「복음과 실천신학」 40 (2016): 9-41.
______. "예배의 문화수용에 관한 초월성 연구." 「신학과 실천」 48 (2016): 36-61.
______."두뇌와 예배의 연관성에 관한 연구." 「복음과 실천신학」 36 (2015): 118-146.
김병훈. "기도의 본질에 관한 심층적 고찰." 「신학과 실천」 15 (2008): 181-210.
김상백. "인공지능(artifcial inteligence: A.I)시대의 도래와 설교학의 과제에 대한 논찬." 「제67회 한국실천신학회 정기학술대회」 (2018): 407-410.
김성원. "호모 데우스(Homo Deus)론에 관한 분석 비평연구." 「조직신학연구」 28 (2018): 42-76.
김신의. "엔데믹 시대, 뉴노멀 준비하는 한국교회 교육을 위한 방안."

(2022. 10. 17) http://sukim@chtoday.co.kr. (2024. 10. 15 접근)
김승환. "디지털 종교와 온라인 교회에 관한 연구." 「신학과 실천」 (2022): 70-79.
김영재. "하나님 나라 백성으로서의 교회의 본질과 목적." 「인문학논총」 44 (2017): 81-102.
______. "교회의 본질과 교회 사업의 한계." 「신학정론」 13/1 (1995): 40-65.
김영한. "4차 산업혁명 시대의 기독교 신앙." 「개혁주의 이론과 실천」 14/9 (2018): 8-46.
김용섭. 『라이프 트렌드 2023』. 서울: 부키, 2022.
김운용. 『설교의 새로운 패러다임』. 서울: 장로회신학대학교출판부, 2007.
권호, 『본문이 살아 있는 설교』. 서울: 아가페 출판사, 2023.
김종걸. "4차 산업혁명과 기독교의 방향", 「복음과 실천」 64 (2019): 65-90.
김종세. "인공지능의 안전성과 인간윤리에 대한 법정책적 고찰." 「법학연구」 7 (2020): 71-135.
김주민 · 백선환. 『Chat GPT 거대한 전환』. 서울: RHK, 2023.
김창훈. "설교는 무엇인가, 설교에 있어서 네 가지 관점." 「신학지남」 208 (2004년): 43-87.
김철. "AI윤리와 교육 관련 연구동향 분석", 「교육문화연구」, 1 (2024): 23-41.
김희철. 『4차 산업혁명의 실제』. 서울: 북, 2017.
김형주. "인공지능과 인간지능 개념에 대한 철학적 분석 시도." 「철학 탐구」 43 (2016): 161-190.
과학기술정책연구원 미래연구센터. 『미래는 더 나아질 것인가』. 서울: 알

에이치 코리아, 2016.
나인선. "인공지능과 예배의 초월성으로 자기회생의 가능성 연구." 「제 67회 한국실천신학회 정기학술대회」 (2018): 347-372.
리셔 리처드, 『설교신학의 8가지 스펙트럼』. 정장복 역, 서울: 예배와 설교 아카데미, 2008.
문병호. "칼빈의 성도의 표지론: 그리스도인의 리더십에 관한 교리적 고찰." 「성경과 신학」 71 (2014): 23-58.
민장배. "교회의 본질적 기능인 사회봉사활동 실천 방안."「신학과 실천」 31 (2012): 431-55.
목회데이타연구소. "목회자의 Chat GPT에 대한 인식과 사용실태조사" (2023).
______. "한국 개신교인의 교회 생활." 「넘버즈」 235 (2023).
______. "한국교회과제발견을 위한 조사." (2023).
______. "가나안 청년 실태조사." (2023).
______. "목회자의 Chat GPT에 대한 인식과 사용실태." (2023).
______. "한국개신교인의 목회적 욕구에 대한 조사." (2023).
______. "기독청년의 사회인식조사." (2023).
______. "개신교인의 온라인 사역 인식조사." (2023).
______. "개신교인의 가족신앙에 대한 조사." (2023).
______. "코로나 19 이후 한국개신교인의 온라인 신앙생활." (2022).
박 만. 『최근신학연구: 해방신학에서 생태계 신학까지』. 서울: 나눔사, 2002
박영숙 · 제롬 글렌. 『세계미래보고서 2055』. 서울: 비즈니스북스, 2017.
박영숙 · 벤 고르첼. 『인공지능 혁명』. 서울: 더블북, 2016.
박용규. 『한국기독교회사』. 서울: 생명의말씀사, 2006.
박순서. 『공부하는 기계들이 온다』. 서울: 북스톤, 2016.

박현신. “인공지능혁명(AIR)에 대한 교회의 대응에 관한 연구: 설교자의 역할을 중심으로”「복음과 실천신학」, (2024): 82-115.

______. “4차 산업혁명의 도전에 대한 인문학적 질문과 실천신학적 대응”,「복음과 실천신학」48 (2018): 41-81.

______. “설교의 목적으로서 청중의 변화를 위한 성경적 원리: 고후 3:18을 중심으로.”「복음과 실천신학」47 (2018): 115-146.

______. 『미셔널 프리칭』. 서울: 예영커뮤니케이션, 2012.

박형국. “죽음 이후 생명’에 대한 신학적 성찰.”「오늘의 생명신학」2 (서울: 신앙과지성사, 2015): 232-257.

박희주. “융복합 시대의 과학과 종교.”「신앙과 학문』21 (2016): 7-28.

배영호, “인공지능(arificial inteligence: A.D시대의 도래와 설교학의 과제에 대한 논찬.”「제67회 한국실천신학회 정기학술대회」(2018년 02월): 405-406.

백종국. 『2023 한국교회의 사회적 신뢰도 여론조사 결과 자료집』(기독교윤리실천운동, 2023).

변순용. “인공지능로봇을 위한 윤리 가이드라인 연구.”「윤리교육연구」47 (2018): 233-252.

서승룡. “인공지능(arificial intelligene: AI) 시대의 도래와 설교학의 과제에 대한 논찬.”「제67회 한국실천신학회 정기학술대회」(2018년 02월): 401-403.

성성원. “제4차 산업혁명과:교회론의 방향.”「영산신학저널」42 (2017). 183 -230.

송선영. “로봇과 인공지능 시대의 시민윤리와 도덕교육적 함의.”「윤리연구』115 (2017): 133-159.

신상규. 『호모 사피엔스의 미래: 포스트휴먼과 트랜스휴머니즘』. 서울: 아카넷, 2014.

신성주. “4차 산업혁명 시대의 선교적 과제.” (2019. 03. 30).

심수명. “상담적 설교와 상담기법을 통한 설교 분석에 관한 연구.” 「국제신학」 9 (2023): 253-295.

안덕원. “인공지능과 예배의 초월성으로 자기회생의 가능성 연구에 대한 논찬.” 「제67회 한국실천신학회 정기학술대회」 (2018년 02월). 372-389.

이승우. “인공지능의 설교활용에 관한 연구: Chat GPT를 중심으로.” 「개혁논총」 64 (2023): 233-257.

안오순. 『제 4차 산업혁명시대의 청중에게 적실한 상호협력적 설교』, 안양: 도서 출판 사무엘, 2024.

______. “제4차 산업혁명 시대의 도전과 교회의 응전.” 「아에타저널」 6 (2023).

______. 『로마서 설교, 복음과 삶』. 안양: 도서출판 사무엘, 2021.

______. 『창세기 연구, 창조와 축복』. 안양: 도서출판 사무엘, 2020.

______. 창세기 설교, 창조와 축복』. 안양: 도서출판 사무엘, 2020.

______. 요한복음 설교, 믿음과 생명』. 안양: 도서출판 사무엘, 2020.

안승오. “4차 산업혁명과 한국교회의 세계선교.” 「신앙세계」, 2023.

양동욱. “인공지능(arifcial inteligence; AI) 시대의 도래와 설교학의 과제.” 「제67회 한국실천신학회 정기학술대회」. (2018년 02 월): 381-400.

엄태웅. “딥러닝 기반 로봇 인공지능의 실현가능성 및 전망.” 「Power Review」 9 (2015): 29-33.

오용득. “트랜스휴머니즘의 포스트휴먼 프로젝트와 의지적 진화의 문제.” 「인문논총」 38 (2015): 7-19.

오현천. “4차 산업혁명시대의 목회적 대응.” 「복음과 실천신학」 4 8(2018): 82-106.

유경동. “인공지능과 기독교윤리: 신학적 인간학의 관점에서.” 「영산신학저널」 48 (2019): 87-116.

윤승태. 4차 산업혁명시대의 교회의 역할과 방향." 『신학과 실천』 제 58호 (한국실천신학회, 2018).
이경건. "하나님의 형상의 형상(Imago Imaginis Dei) 으로서의 인공지능 이 해: 기독론적 인간론의 관점에서." 「신앙과 학문」 23 (2018): 139-178.
이기훈. "인공지능 발달에 따른 윤리학의 필요성 연구." 「윤리연구」 120 (2018): 293-317.
이돈규. "목회상담과 교회 기능의 상호작용." 「성결심리상담」 3 (2010): 5-27.
이상원. "기독교적 인간관과 인공지능." 「월드뷰」 30 (2017): 29-32.
이상형. "윤리적 인공지능은 가능한가?: 인공지능의 도덕적, 법적 책임 문제." 「법과 정책연구」 16 (2016): 283-303.
이성민. "인공지능시대의 예배와 설교." 「신학과 세계」 99 (2020): 251-283.
이승진. "신앙공동체 활성화를 위한 설교 방안에 관한 연구." 「복음과 실천신학」 21 (2010): 99-123.
이우제 · 류용렬 · 안광복. 『3인 3색 설교학 특강』. 서울: 두란노 아카데미, 2010.
______. "포스트모더니즘 시대의 말씀 사역이 직면한 도전과 가능성." 『기독신학 저널』 6.
______. "삶을 변화시키는 요한계시록 설교를 위한 고찰: 목회자, 신학자, 시인으로의 설교자의 정체성을 중심으로." 「복음과 실천신학」 41 (2016). 169-210.
______. "하나님 나라 관점으로 바라본 차별화된 복의 선언으로써의 팔복에 대한 이해." 「복음과 실천신학」 34 (2015): 103-150.
이인영. "인공지능 로봇에 관한 형사책임과 책임주의." 「홍익법학」 18

(2017): 32-57.
이종호. 『로봇, 인간을 꿈꾸다』. 서울: 문화유람, 2007.
이종현. "똑똑한 과학 용어: Chat GBT." 사이언스조선 (2023. 02. 17.)
이창식. "인간이 된 기계와 기계가 된 신: 종교, 인공지능, 포스트모더니즘." 「종교문화비평」 31 (2017): 209-254.
이원규. 『힘내라, 한국교회』 서울: 동연, 2009.
이현웅. "수사학, 커뮤니케이션, 그리고 기독교 설교의 상호적 이해와 적용." 「신학과 사회」 29/3 (2015): 43-75.
이현청. 『4차산업혁명과 대학의 미래』, 서울: 학지사, 2018.
임채남. "건강한 교회 성장에 관한 실천적인 고찰: 교회의 기능을 중심으로." 「복음과 실천신학」 31 (2014): 105-132.
장근성. "2022 청년 트렌드 리포트, 우리 시대 청년들은 무엇으로 사는가." 서울: 학원복음화협의회, 2022.
장훈태. "장종현 박사의 신앙과 신학 탐색." 「생명과 말씀」 12 (2015): 141-171.
장호광. "메타버스 교회의 신학적 정위 및 그 적용." 「신학사상」 196 (2022): 71-100
전대경. "인본주의에서 초인본주의로 옮겨가는 다문화적 다지능 시대." 「조직신학연구」 30 (2018): 44-83.
전대경. "4차 산업혁명 시대에 AI목사의 가능성과 그 문제." 「조직신학연구」, 32 (2019): 10-50.
전대경. "존 칼빈의 신학방법론으로서의 성경극중주의 : 양비론과 양시론(해3)을 오가는 '이중개념주의'와 복잡성의 중도'사이에서." 「ACTS신학저널」 35 (2018): 21-56.
______. "루터와 칼빈의 로마서와 야고보서 이해를 통한 개혁주의 이신칭의 재조명 : 이행칭의가 아닌 신행일치를 위하여." 「ACTS 신학저널」

34 (2017): 193-233.

______. "인본주의에서 초인본주의로 옮겨가는 다문화적 다지능 시대: 자 연지 능과 인공지능이 공존하는 다가오는 다문화에 대한 복음주의의 응답." 「조직신학연구」 30 (2018): 44-83.

전창의. "3D를 넘어 4D 프린팅 시대가 눈앞에 성큼." 「문화기술」 46 (2016): 20-21.

전형준. 성경적 상담과 설교(Bibical Counseling and preaching), CLC출판사, 2011.

정재영. 『한국교회 10년의 미래』. 서울: SFC, 2012.

조광현. "상징적 경계를 세우는 바울 설교." 「복음과 실천신학」. 44 (2017): 192-212.

조성돈. "4차 산업혁명 시대의 목회." 「제67회 한국실천신학회 정기학술대회」.(2018 02월): 160-186.

조영환 · 이재은 등. "생성형 AI와 함께하는 미래교육: 기계에서 협력 파트너로." 「교육공학저널」 38/4 (2023): 1449-1478.

진지훈. "칼빈의 성경 주석을 통해서 본 교회의 본질에 대한 칼빈의 이해." 「갱신과 부흥」 21/1 (2018): 78-115.

최원진. "4차 산업혁명 시대 선교의 방향성과 선교사의 역할." 「복음과 실천」 63 (2019). 225-253.

최윤식. 『2020 2040 한국교회 미래지도』. 서울: 생명의말씀사, 2015.

최헌종. "4차 산업혁명 시대의 목회에 대한 논찬." 「제67회 한국실천신학학술대회」 (2018 02월): 187-188.

한국포스트휴먼연구소, 포스트휴먼학회 편저. 『포스트휴먼시대의 휴먼』. 서울: 아카넷, 2016.

한천설. "제4차 산업혁명과 한국교회의 미래." 「신학지남」 333 (2017). 3-7.

허균. 『뇌과학과 기독교 신앙』. 서울: IVP, 2016.

황병배. "St. Patrick의 켈트 전도법과 청소년 이해에 기초한 효과적인 전도전략연구." 「신학과 실천」 46(2015): 511-537.

황빈. "인공지능시대의 도래에 따른 설교윤리와 활용에 대한 개혁주의생명신학적 검토." 「복음과 실천신학」 68 (2024): 76-104.

황종석. "효과적이며 의사소통적인 설교를 위한 다양한 설교형식(form) 이해." 「설교한국」 12 (2020). 103-130.

홍경화, 오현주. 목회자가 인식하는 한국 목회 현장의 현주소", Torch Trinity Journal Vol. 23 No. 11 (Torch Trinity Graduate University, 2020).

Barat, James. 『파이널 인벤션: 인류 최후의 발명』. 정지훈 역. 서울: 동아시아, 2016.

Bjork, Russell C. "Artificial Intelligence and the Soul." *Perspectives on Science and Christian Faith* 60 (2008): 95-101.

Bloomington. *Reshaping Human Reality*. Oxford: Oxford University Press, 2014.

Caill, Dennis M. *The Shape of Preaching: Theory and Practice in Sermon Design*. Grand Rapids: Bakrer Books, 2007.

Campbell, Charles L. *Preaching Jesus: The New Directions for Homilties in Hans Frei's Postliberal Theology*. Eugene: Wipf & Stock Publishers, 2006.

Chapell, Bryan. *Christ-centered Worship*. Grand Rapids: Baker Academic, 2009.

Charles, Daryl. "Engaging the (Neo) Pagan Mind: Paul's Encounter with Athenian Culture as a Model for Cultural Apologetics (Acts 17:16-34)." *Trinity Journal* 16 (1995): 47-62.

Childs, James M. "Beyond the Boundaries of Current Human

Nature." *Dialog* 54 (2015): 8-19.

Cowen, Tyler. 『4차 산업혁명 강력한 인간의 시대』. 신승미 역. 서울: 마일스톤, 2017.

Doriani, Daniel M. *Putting the Truth to Work: The Theory and Practice of Biblical Application*. New Jersey: P&R Publishing, 2001.

Eswine, Zack. *Preaching to a Post-Everything World*. Grand Rapids: Baker, 2008.

Fee, Gordon D. *New Testament Exegesis: A Handbook for Students and Pastors*. Louisville: Westminster John Knox Press, 2002.

Fee, Gorden D. · Straus, Mark L. How to Choose a Translation for All Its Worth. Grand Rapids: Zondervan, 2007.

Feuerbach, Ludwig. 『기독교의 본질』. 박순경 역. 파주: 한길사, 2008.

Ford, Marin. 『로봇의 부상』. 이창희 역. 서울: 세종서적, 2016.

Forsyth, Peter Taylor. *Positive Preaching and the Modern Mind*. London: Paternoster Press, 1998.

Geraci, Robert M. "Apocalyptic AI: Religion and the Promise of Artificial Intelligence." *Journal of the American Academy of Religion* 76 (2008): 138-66.

Geisler, Norman. *Christian Ethics: Contemporary Issues and Options*. 2nd edition. Grand Rapids: Baker Academic, 2001.

Green, Joel B. *Pasquarello III*. Michael. Narrative S Reading.

Hanson, Robin. *The Age of Em*. Oxford University Press, 2016.

Harrari, Yuval. 21 Lessons for the 21c. New York: Random House, 2018.

Harari, Yuval. *Homo Deus: A Brief History of Tomorrow*. Harper. 2017.

Hockema, Anthony A. 『개혁주의 인간론』. 류호준 역. 서울: CLC, 1990.

Kaplan, Jerry. 『인간은 필요없다』. 신동숙 역. 서울: 한스미디어, 2016.

Kaiser Jr., Walter C. 『새로운 주경 신학 연구』 김의원 역. 서울: 엠마오, 1997.

Kelly, Kevin. 『통제불능』. 이충호·임지원 역. 서울: 김영사, 2015.

Kent and Hughes, Barbara. 『성공병으로부터 자유로운 목회』. 신서균 역. 서울: 기독교문서선교회, 1994.

Keller, Timothy. *Center Church*. Grand Rapids: Zondervan, 2012.

Kistler, Don. 『최고의 개혁신학자들이 말하는 설교』 이계광 역, 서울: 생명의말씀사, 2003.

Kim, Hwan. "Technological Imagination of Artificial Intelligence in the Light of the Decalogue." 「기독교사회윤리」 24 (2012): 69-89.

Klein, William W.·Blomberg, Craig L.·Hubbard Jr. Robert L.

Kuraweil, Ray. 『21세기 호모사피엔스』. 채유기 역. 서울: 나노미디어, 1999.

Kuruvilla, Abraham. 『설교를 위한 신학적 해석학: 본문의 특권』 이승진 역. 서울: 기독교문서선교회, 2023.

Kung, Hans. 『그리스도교: 본질과 역사』. 이종환 역. 칠곡: 분도출판사, 2002.

Lifin, Duan. 『성경적인 설교준비와 전달』. 주승중 외 4인 역. 서울: 두란노, 2007.

Lischer, Richard. 『설교신학의 8가지 스펙트럼』 정장복 역. 서울: WPA, 2008.

LordJones, David Maryn. 『설교와 설교자』. 정근두 역. 서울: 복있는 사람, 2008.

Mercer, Calvin. "Bodies and Persons: Theological Reflections on Transhumanism." Dialog 54 (2015): 27-33.

Ministy. 『설교의 기술과 목사의 소명』. 채천석 역. 서울: 부흥과 개혁사, 2006.

Morelli, Michael. "The Athenian Altar and the Amazonia Chatbot: A Pauline Reading of Artificial Intelligence and Apocalyptic Ends." *Zygon* 54 (2019): 177-189.

Netland, Harold. The Lausanne Movement: A Range of Perspectives. ed. Lars Dahle, Margunn.

Ordained Minsty. 『21세기형 목회자』. 최종수 역. 서울: 한국기독교연구소, 2008.

Parker, T. H. L. 『칼빈과 설교』. 김남준 역. 서울: 솔로몬, 2003.

Parker, T. H. L. 『설교의 커뮤니케이션』 정창균 역. 수원: 합동신학대학원출판부, 2002.

Piper, John. 『하나님의 방법대로 설교하십니까』. 이상화 역. 서울: 엠마오, 1996.

Powell, Mark. 『목사가 보는 성경교인이 보는 성경』. 김덕수 역. 서울: 도서출판 대서, 2009.

Jom Calvin. 『하나님의 대언자』. 황형철 역. 서울: 익투스, 2006.

Rouhiainen, Lasse. *Artificial Intelligence: 101 Things You Must Know Today About Our Future*. Amazon Kindle Edition, 2018.

Richard, Ramesh. 『삶을 변화시키는 7단계 강해설교준비』. 장현 역. 서울: 디모데, 2005.

Robinson, Haddon W. *Biblical Preaching: The Development and Delivery of Expository Message*. Grand Rapids: Baker Academic, 2006.

Schneier, Bruce. *Data and Goliath*. W. W. Norton & Company, 2015.

Schwab, Klaus. 『제4차 산업혁명』. 송경진 역. 서울: 새로운 현재, 2016.

Schwab, Klaus. The Fourth Industrial Revolution. Geneva: World

Economic Forum, 2016.

Singler, Beth. "An Introduction to AI and Religion For the Religious Studies Scholar." *Implicit Religion* 20 (2017): 216.

Stowel, Joe. "내 이야기가 아닌, 예수님 이야기를 전하는 설교." The Art and Craft of Bibical story of Jeusus, 2013.

Thompson, James W. 『바울처럼 설교하라』. 이우제 역. 서울: 크리스챤, 2008.

Thielicke, Hemu. 『오늘을 살아가는 신앙』. 한모길 역. 서울: 성광문화사, 1981.

Toynbee, Amold 1, A Study of History: abridgment of volume i-vi by D. C. Somervell. New York: Dell publishing co., 1974.

Willimon, William H. *Preaching and Leading Worship*. Louisville: The Westminster Press, 1984.

Wright, Christopher J. H. 『현대를 위한 구약윤리』 김재영 역. 서울: IVP, 2015.

Wright, John W. *Telling God's Story: Narrative Preaching for Christian Formation*. Downers Grove: IVP, 2007.

AI 혁명과 기독교의 만남

: Chat GPT와 목회의 미래

펴낸날 2025년 3월 31일 초판 1쇄

지은이 김명희 · **펴낸이** 이기정

펴낸곳 한양대학교출판부 · **출판등록** 제4-7호(1972.2.29)

주소 서울 성동구 왕십리로 222 · **전화** 02.2220.1432-4 · **팩스** 02.2220.1435

홈페이지 press.hanyang.ac.kr · **이메일** presshy@hanyang.ac.kr

본문디자인·편집 김민지 · **표지** 안광일 · **인쇄** 미르P&P

정가는 뒤표지에 있습니다. 잘못된 책은 구입하신 곳에서 교환해드립니다.

ISBN 978.89.7218.836.0 (93230)